80년생 김 팀장과
90년생 이 대리가
웃으며 일하는 법

80년생 김 팀장과 90년생 이 대리가 웃으며 일하는 법

초판 1쇄 발행 2020년 4월 1일
초판 4쇄 발행 2023년 5월 19일

지은이 김범준

펴낸이 조기흠
책임편집 송병규 / **기획편집** 박의성, 이지은, 유지윤, 전세정
마케팅 정재훈, 박태규, 김선영, 홍태형, 임은희, 김예인 / **디자인** 이창욱 / **제작** 박성우, 김정우

펴낸곳 한빛비즈 (주) / **주소** 서울시 서대문구 연희로2길 62 4층
전화 02-325-5506 / **팩스** 02-326-1566
등록 2008년 1월 14일 제 25100-2017-000062호

ISBN 979-11-5784-403-6 03320

이 책에 대한 의견이나 오탈자 및 잘못된 내용에 대한 수정 정보는 한빛비즈의 홈페이지나
이메일(hanbitbiz@hanbit.co.kr)로 알려주십시오. 잘못된 책은 구입하신 서점에서 교환해드립니다.
책값은 뒤표지에 표시되어 있습니다.

⌂ hanbitbiz.com ❙ facebook.com/hanbitbiz ❙ post.naver.com/hanbit_biz
▶ youtube.com/한빛비즈 ❙ instagram.com/hanbitbiz

지금 하지 않으면 할 수 없는 일이 있습니다.
책으로 펴내고 싶은 아이디어나 원고를 메일(hanbitbiz@hanbit.co.kr)로 보내주세요.
한빛비즈는 여러분의 소중한 경험과 지식을 기다리고 있습니다.

80년생 김 팀장과 90년생 이 대리가
웃으며 일하는 법

—— 김범준 지음 ——

.ull 🛜   오후 5:55   87% 🔋

< **이대리** Q ≡

김 팀장
> 이 대리 외근 중이죠. 업무 회의 결과 전할게요.

> 이 대리는 당분간 박 과장 업무를
> 보조하세요.
> 오후 4:48

> 팀장님, 과장님의 업무를 함께하라는 건가요?
> 오후 4:50

김 팀장
> 네. 박 과장의 업무를 지원하면서
> 배우도록 하세요.
> 오후 4:55

> 그럼 제 업무는 어떻게 하나요?
> 오후 5:18

김 팀장
> 네?
> 오후 5:22

> 팀장님, 제 업무는 박 과장님이
> 도와주시나요?
> 오후 5:29

김 팀장
> 아니... 이 대리 참...
> 오후 5:52

❌ (팀장님 사실 저도 할 말 참 많은데요... ☺ #

한빛비즈
Hanbit Biz, Inc.

90년대생을 마주하는 시간

'그들'과 웃으면서 일한다는 것

'누군가와 웃으며 일한다는 것', 쉽지 않습니다. '나는 일할 때 웃으면서 일한 적이 있었나?' 돌이켜 보니 딱히 생각나는 것이 없습니다. 밀려오는 일을 감당해내기도 바쁜데 누군가와 웃으면 일한다니, 일종의 사치라고 느껴집니다. 그런데 가만히 생각해보니 비즈니스 상황에서도 웃을 때가 있긴 있었습니다. 직장에서 보고하는 과정에서 '역시 믿을 만한 사람이야'라며 응원해주던 상무님의 이야기를 들을 때가 그랬고, 별것 아닌 저의 도움에 '정말 감사합니다'라며 고마움을 표시하던 한 신입사원의 환한 웃음을 볼 때가 그랬습니다. 그 과정에서 깨달은 게 있습니다. '사람이 웃을 때는 결국 좋은 사람과 함께할 때구나.'

그렇습니다. 서로 인정하고 배려하는 태도가 팍팍한 현실 속에서도 우리를 웃으며 일하게 합니다. 뜬금없이 공돈이 생겨서, 경품에 당첨되어서, 승진해서…. 이런 상황에서도 물론 웃음이 나오지만, 행복과 기쁨으로 마음을 가득 채우는 웃음은 결국 사람을 통해서만이 가능합니다. '일할 때 웃어본 적이 있는가?'는 질문을 받을 때 '어떤 상황'을 떠올리기 이전에 '그 누군가'를 먼저 기억 속으로부터 더듬는 이유도 아마 그 때문일 겁니다. 그래서 인간관계를 포기할 수 없나 봅니다.

그런데 약간의 문제가 생겼습니다. 그동안은 나와 다른 생각을 갖고 있긴 하지만, 그래도 기본적인 성장 과정은 비슷하던 누군가와의 관계였기에 약간의 관심과 노력만으로도 충분히 인간관계를 잘 만들어낼 수 있었습니다. 함께 웃으며 일할 수 있었습니다.

그런데 새롭게 등장한 90년대생과 웃으며 일하는 건 다른 차원이었습니다. 그들은 달랐기 때문입니다. 냉정한 듯 따뜻하고, 자유분방한 듯 절제를 지니며, 부정적인 듯 능동적인 말과 행동을 갖고 있었습니다. 솔직히 그들의 마음은 미지의 영역이었습니다. 접근하기 힘들었고, 편하게 대하는 것도 어색했습니다. 함께 웃는다는 것? 글쎄요. 도대체 무엇을 공통 화제로 삼아야 할지도 모르니 만만할 리가 없습니다.

우선 90년대생을 '이러이러한 인간형이다'라고 일반화하는 것 자체가 불가능해 보였습니다. 많은 사람이 몇 가지 단어로 그들을 규정하려는 시도를 한 것으로 알고 있습니다만, 그건 오히려 90년대생을 향한 모욕인 것 같습니다. 사실 90년대생도 다양한 90년대생으로 나뉩니다. 당연합니다. 1990년 1월 1일생은 현재 만 30세이며, 1999년 12월 31일생은 만 20세이니까요. 90년생과 99년생을 '하나의 90년대생'으로 묶는다는 건 어쩌면 2000년생과 1970년생을 하나로 보는 것만큼 왜곡이 있을 수 있습니다.

하지만 하나는 분명합니다. 90년대생은 이전 세대와 무엇인가 다르다는 것입니다. 어쨌거나 기성세대는 혼란에 빠졌습니다. 90년대생을 알기 위해 수많은 연구가 있었고, 몇 가지 단어로 그들을 일반화하려는 시도도 했습니다. 하지만 그것을 현실에 적용하는 순간, 되돌아온 결과는 90년대생의 냉소적인 반응, 즉 'So what?'이었기 때문입니다.

하나의 사례를 들어봅니다. 한 제조업체의 사장님과 대화를 나눈 적이 있습니다. 그분은 젊은 세대와 소통하기 위해 노력하는 분이었습니다. 예를 들어 회사의 90년대생들 몇 명을 주기적으로 불러서 이야기를 듣는다고 했습니다. 그들을 선생님처럼 생각하면서 조직 내 젊은 세대의 특징을 파악하기 위해 노력했다고 합니다. 박수를 쳐줄 만합니다. 하지만 지금부터가 문제입니다.

그분이 저에게 퀴즈를 내더군요.

"지금부터 제가 10개의 단어를 말하겠습니다. 이 중에서 다섯 개 이상 의미를 정확히 말하지 못하면 꼰대입니다."

10개의 단어는 대략 이렇게 기억됩니다. '싫존주의, JMT, TMI, 자만추, 뽀시래기, 쌉가능, 삼귀다, 애빼시, 제곧내, 법블레스유.' 참고로 저는 4개밖에 맞추지 못했습니다. 그럼 저는 꼰대일까요. 혹시 6개를 맞춘 당신은 꼰대가 아닌 걸까요. 아닙니다. 10개 모두를 안다고 해서 90년대생과 웃으며 일할 수 있다고 믿는다면 착각입니다. 단어 몇 개 안다고 90년대생과 웃으면서 일할 수 있다고 생각한다면, 그것이야말로 90년대생을 우습게 여기는 것입니다.

그들은 괴상한 단어나 사용하는 괴상한 인간들이 아닙니다. 새로운 특징을 지녔을 뿐입니다. 예를 들어 회사에 대한 생각이 다르더군요. '회사에서 성공해야 인생에서 성공한 것이다'라고 생각하는 세대는 아마 80년대생이 마지막일 것입니다. 90년대생에게 '회사는 회사, 나는 나'일 뿐입니다. 그들은 자신의 시간과 직장으로부터 받는 돈의 주고받음에 대해 민감할 뿐, 누군가를 맹목적으로 충성하며 누군가를 밟고 먼저 올라가겠다는 것과 거리를 둔 신념 체계를 갖고 있습니다. 누군가는 이를 '극단적 개인주의'의 표출이라고 하더군요.

가장 개인적인 그들이 가장 창의적이 되게 하려면

'개인주의', 이것이 어쩌면 하나의 키워드가 되지 않을까 조심스럽게 생각합니다. 물론 저는 여전히 '90년대생이 도대체 누구냐, 90년대생과 도대체 어떻게 웃으며 일할 수 있느냐'라는 질문을 받는다면 "…"라고 말할 수밖에 없습니다. 여전히 모호하기 때문입니다. 하지만 재차 같은 질문을 받는다면 저는 90년대생을 '건전한 개인주의자'라고 하겠습니다. 그들의 아름다운 개인주의만 함부로 대하지 않아도 꼰대 소리는 듣지 않을 것 같습니다.

부끄럽지만 제가 실수한 사례를 통해 이를 느껴보십시오.
강연장에서 있었던 일입니다. '조직 커뮤니케이션'을 주제로 입에 거품을 물면서 신나게 강연하던 중이었습니다. 평소와 다름없이 앞자리에 있는 한 젊은 친구(90년대생이었습니다)에게 "이번 주말에 뭐할 겁니까?"라고 질문했고, 그분은 친구와 영화를 보러 간다고 대답했습니다. '그럴 줄 알았다'는 표정을 지은 저는 "조직에선 이분처럼 자신의 이야기를 함부로 말하면 안 됩니다. 그럴 땐 말이죠…"라면서 제 나름대로의 솔루션을, 그 젊은 친구가 속한 조직의 다른 구성원들을 향해 말씀드렸습니다.

실수였습니다. 그때 저는 몰랐습니다. 제 말과 행동이 그 젊은 친구, 아니 그 젊은 분의 마음에 깊은 상처를 줄 수 있음을 말입니다.

그분은 어쩔 수 없이 (강사의 질문에 의해) 말하게 된 자신의 사생활을 생전 처음 보는 한 강사로부터 통째로 부정되는 경험을 하게 된 것입니다. 자신의 사생활이 타인에 의해 입에 오르내리는 것도 불쾌한데 '지적질'까지 받았으니…. 과연 그분의 마음은 어떠했을까요. 저의 태도에 극히 문제가 있었음을 이후 알게 되었고, 그 후로는 그동안 제가 알고 경험했던 경험들, 타성에 젖어 있었던 선입견으로 젊은 세대를 함부로 타박하지 않으려 노력하고 있습니다. 그들의 '건전한 개인주의' 영역을 인정하면서 배울 건 배우고 웃으며 일할 수 있는 파트너가 되려고 합니다.

'건전한 개인주의'를 말하다 보니 영화 〈기생충〉으로 2020 아카데미 시상식에서 4번이나 무대에 올라 트로피를 들어 올린 봉준호 감독이 머리에 떠오릅니다. 그의 수상 소감은 압도적이었습니다. 특히 영화 〈아이리시맨〉으로 함께 후보에 올랐던 할리우드의 거장 마틴 스코세이지Martin Scorsese를 향해 찬사를 보낸 장면은 상대방에게 감사와 존경을 보내는 방법에 대한 교과서 같았습니다. 아름다움의 품격이 시상식장을 가득 메운 것처럼 보일 정도였습니다.

영화 공부를 하면서 늘 마음에 새겼던 말이 있습니다.
When I was young and studying cinema,
there was a saying that I carved deep into my heart.

'가장 개인적인 것이 가장 창의적인 것이다.'
'The most personal is the most creative.'

이 말은 여기 계신 마틴 스코세이지 감독님께서 하신 말씀입니다.
That quote was from our great Martin Scorsese.

멋진 그의 말에 감동하는 한편으로 저 자신이 부끄러워졌습니다.
가정에서, 직장에서 그리고 사회에서, 나는 과연 우리의 90년대생
들을 향해 '그들이 갖고 있는 가장 개인적인 그 무엇'을 응원해주고
있었던가? 이런 의문이 들었습니다. 아닌 것 같습니다. 세상을 향해
선한 영향력을 뿜어낼 준비를 하고 있는 젊은 세대를 향해 저는 개
인이 아닌 집단을, 창의가 아닌 통제를 강요하고 있었습니다. 후회
합니다. 그리고 미안합니다.

"누구의 부하도 되지 않고, 그 누구도 부하로 두지 않는다"

언젠가 한 철학자의 책을 읽다가 멋진 문장을 발견했습니다. 갑
자기 뛰어난 모습을 보여주는 사람들을 살펴보면 공통된 특징이 있
는데, 그건 '누구의 부하도 되지 않았고, 누구도 부하로 두지 않았
다'는 것이랍니다. 저를 돌아봅니다. 과연 나는 누구의 부하도 되지

않기를 원했는가, 또 그 누구도 부하로 두지 않으려 했는가. 아닌 것 같습니다. 누군가 지시하고 통제하면 그것에 복종하기를 의심하지 않았고, 반대로 누군가를 부하로 두지 못해서 안달이 나 있었던 것입니다. 저는 뛰어난 모습을 보여주는 사람이 되는 것에도 실패했고, 그만큼 누군가가 뛰어난 모습을 보여주는 것에 도움이 되지도 못해왔습니다. 무채색으로 살아왔던 저는 삶을 선명한 색들로 채우지도 못했고 아울러 90년대생, 그 젊음을 향해서도 무채색이 되기를 강요했던 것 같습니다.

부끄럽습니다. 그런 그들과 관계를 맺을 때 실망하지 않겠다고 아예 기대조차 하지 않는 냉정함을 대단한 능력인 것처럼 생각하면서 서늘하게 거리를 둔 저 자신이 생각났기 때문입니다. 그뿐인가요. 오직 나의 목소리가 장악하는 시간과 공간을 만들겠다고 90년대생의 의미 있는 목소리를 외면하기까지 했습니다. 내 영역을 높은 벽으로 쌓아놓고는 그들이 함부로 나의 영역을 넘어오지 못하도록 했습니다. 그럼에도 그 벽을 넘으려는 90년대생에게는 이렇게 말하면서 무시했었죠. "걔네들, 이상해."

아마 인류가 출현한 이래로 세대 차이라는 건 늘 있어 왔던 일일 것입니다. 그 세대 차이를 어떻게 바라보고, 어떻게 대응하느냐에 따라 인류가 얻어낸 성과는 달라진 것 같습니다. 그 세대 차이에 대해 반항하며 개선해나가는 사람들의 몫은 있었지만, 그것을 마치

좁혀질 수 없는 평행선이라고 생각하는 사람들에게 돌아갈 몫은 없었던 것이죠. 지역 차별, 성차별을 뒤로 하고 이제 세대 차이가 대한민국이 해결해야 할 중차대한 과제가 된 이 시점에, 80년대생과 90년대생이 격세지감을 느끼며 섣불리 악수조차 청하지 못하고 얼굴만 붉히고 있다면 그건 우리 모두의 불행입니다.

어떻게 해야 할까요. 저는 세대 차이를 건전하게 극복하는 첫 번째 방법은 '누구의 부하가 되기를 원하지 않는' 90년대생과 '누구도 부하로 두지 않으려는' 80년대생의 노력에서 시작되는 건 아닌지 생각해봅니다. 최근 대한민국의 여러 기업이 90년대생의 특징을 기업의 성장을 위한 화두로 두고 그들과 어울리기 위해 많은 노력을 합니다. 특히 기업의 대표나 최고경영진은 90년대생과 간담회를 따로 마련하면서까지 그들을 알기 위해 노력합니다. 하지만 이런 노력들이 오로지 일회성 이벤트로 끝난다면 오히려 90년대생들에게 더 심한 박탈감만 줄 것이라고 생각합니다.

제안합니다. 90년대생의 얘기를 듣고 싶어서 자리를 마련하기 전에 그들에 대해서 최소 2박3일은 공부라도 좀 하고 만나라고. 90년생 이 대리와 대화를 나누고 싶은 80년생 김 팀장도 마찬가지입니다. 김 팀장은 '그는 나와 다르다'에서 더 나아가 '내가 틀리다'는 자세로 대화에 나설 용기를 가져야 합니다. 필요하면 '틀린 건 과거이며 지금이 옳다'라는 겸손함도 갖춰야 할 것입니다.

이해할 수 없는 상황에 닥쳤을 때, 이해할 수 있는 상황으로 만들기 위해 던지는 이전 세대의 말과 행동들이 90년대생에게 받아들여질 수 있는 언어와 행동으로 전달될 수 있으면 좋겠습니다. 그때서야 우리는 90년대생과 웃으면서 일할 수 있을 것이고, 아름다운 관계를 만들어낼 수 있을 겁니다. 90년대생의 말과 행동을 우리가 갖지 못한 장점으로 생각하고 배워나가면 이전 세대도 성장하게 될 것이고요. 가능한 일이고, 가능해야 하는 일이라고 생각합니다. 그리고 언젠가는 90년대생을 향해 이렇게 말할 수 있는 저와 여러분이 되기를 기원합니다.

"당신이 거기에 있어 줘서 다행이었습니다!"

── 차례 ──

───────────────── 1장 ─────────────────

＋ **지금, 금 밟으셨어요. 자꾸 선 넘지 마세요** ☺ #

████ 관계의 안전거리를 벗어나면 바로 저격의 사정거리가 된다 ████

#
관계의
안전거리와
사정거리

2장

＋ 일단, 서로의 입장 차이를 이해하고 대화했으면 합니다 ☺ ＃

축적된 경험이 만든 생각의 차이를 알아야 대화가 통한다

#
90년대생과
통하는
대화법

(3장)

＋ **먼저, 함께 일하는 동료로 봐주실 수는 없나요** ☺ #

혼자 판단하기 전에 먼저 물어보고 함께 고민해야 한다

#
90년대생과
제대로
일하는 법

4장

+ 살짝, 미묘하게 다른 언어의 온도를 알아주세요

상대방의 체감온도에 맞는 언어로 소통해야 교감이 된다

#
90년대생에게
동기부여
하는 법

#
관계의
안전거리와
사정거리

1장

지금, 금 밟으셨어요.
자꾸 선 넘지 마세요

: 관계의 안전거리를 벗어나면
바로 저격의 사정거리가 된다

팀장님 사실 저도 할 말 참 많은데요...

90년대생 '프로 효율러'가
80년대생의 '비효율'을 저격하는 이유

90년대생은 인간관계가 자신의 행복을 훼손하도록 내버려두지 않는다. 하지만 관계를 끊으며 외톨이가 되기를 선호한다는 게 아니다. 그들은 늘 '관계의 적절한 거리'에 관심을 둔다. 직장에서의 성장을 위해 필요한 '인정 투쟁(자기 자신이나 타인에게 인정받기 위한 싸움)'을 포기하지도 않지만, 그렇다고 해서 자신의 행복을 지키기 위한 '취향 투쟁'을 무시하지도 않는다. 그들은 상대방과의 거리를 적절하게 유지하는 것에 민감하다. 그 거리는 바로 그들의 행복과 직결되기 때문이다. 얼굴을 맞대고 이야기하는 밀착 상태보다는 스마트폰 등을 통한 약한 연결에 익숙하기 때문에 무작정의 접근보다는 적절한 거리를 유지하며 관계의 질을 높이려 한다.

그래서일까. 90년대생은 직장에서 업무상 어려운 문제에 부딪혔을 때 직속 상사나 같은 부서의 선배를 찾기보다 사내 동호회의 친구에게 궁금증을 물어보고 해결하는 방법을 선호한다는 말도 있다. 스마트폰 등의 간접 경험이 많아 직접적인 관계(온라인이나 주변으로부터 들은 최악의 사례들에 질려)를 두려워하는 것이다. 때문에 이런 그들에게 '나와 다르다'는 이유로 이것저것 불평이나 충고, 혹은 '지적질(이것도 몰라? 눈치껏 해야지? 등)'을 해대는 리더, 선배 등은 기피 1순위 인간형이다.

"제가 젓가락질이 다소 서투르거든요. 그런데 과장님이 저를 보면서 대놓고 빈정대더라고요. '허허, 희한하게 드시네?' 솔직한 제 마음을 말해보라고요? '하하, 말버릇 신기하시네요?' 물론 계속 봐야 할 사이니 표현하지는 못했지만요"라는 말이 90년대생의 입에서 나오고 있다는 사실을 기억해야 한다. 90년대생은 '일평생 자신은 돌아볼 줄 모르고 남들 평가나 해대니…'라고 생각한다.

그렇다면 이 상황에서 어떻게 해야 할까. "선배님, 젓가락질은 어떻게 하는 거예요? 혹시 직장생활에서의 젓가락질은 일상에서의 젓가락질과 다른 건가요? 가르쳐 주십시오"라고 묻기 전까지는 입을 다물고 있는 게 맞다. 설령 90년대생이 물어봤다고 하더라도, 마침 '아름답고 우아한 젓가락질'에 대해 잘 알고 있더라도 "젓가락질은 젓가락질일 뿐, 그걸로 상대를 평가하는 건 옳지 않아요. 다만 좀 더 젓가락질을 잘하고 싶다면…"이라고 편견 없이 대답해야 한다.

어디 젓가락질뿐일까. "네가 사회생활을 많이 안 해봐서 그러는데 원래 다른 곳도 이래"라는 리더나 선배의 말은 90년대생들을 슬프게 한다. 그들은 선배의 말을 들으며 겉으로는 머리를 끄덕일지 모르지만 '불합리한 것을 보고도 개선할 의지가 없는 무능함의 극치를 달리는 인간을 내가 선배로 모셔야 하는가?'라며 허탈해한다. '저렇게 체념에 익숙한 일상이 나의 미래란 말인가?'라는 절망감에 빠지게 한다.

90년대생, '멀쩡한 그들'을 왜곡된 방식으로 불편하게 하지 않았으면 좋겠다. 무작정 '오냐, 오냐' 달래자는 말이 아니다. 할 말은 하는 게 맞다. 하지만 '말하는 방식'이 잘못되면 '말하려는 의도'가 왜곡되며, 결국 관계의 훼손으로 이어진다는 사실을 잊어선 안 된다. 자신의 행복에 방해되는 것이 있으면 표현하지만, 만약 그것이 어떤 이유에서든 막히게 되면 그 막힘을 뚫으려는 시도보다는 아예 관계를 회피하거나 단절해버리는 90년대생의 마인드를 염두에 두어야 한다. 그들의 생각을 읽지 못하면, 그 어떤 것이라고 해도 무의미하고 지루하며 귀찮은 일들을 강요하는 셈이 된다. 예를 들어 직장에서의 회식 장면이 그렇다. 참고로 최근에는 술 마시고, 노래하는 이런 무의미한 회식이 많이 사라졌다. 연극을 보고, 영화를 보고, 볼링을 치며 시간을 보내는 경우가 많다고 한다. 그렇다면 과연 이런 회식은 90년대생에게 '열렬한' 환영을 받고 있는 걸까.

삼겹살을 구워 먹으며 소주를 곁들이는 것을 즐겨하는 80년생 팀장이 있다고 해보자. '고기 & 술 콤비네이션 회식에 대한 욕구'를 내려놓고 나름대로 젊은 세대의 입맛에 맞추겠다고 다짐한다. 퇴근 후 영화를 보고 나서 간단하게 맥주 한잔 하는 회식을 제안했다. 회식 날이 되었고 나름대로 깔끔하게 끝났다. 팀장은 생각한다. '삼겹살에 소주 마신 후 노래방에서 밤늦게까지 집에 못 가게 하는 팀장들도 많은데 영화 보고 간단하게 맥주 한잔 마시고 끝냈으니 팀원들이 만족하겠지?'

생각은 꼬리에 꼬리를 문다. '회식했으니 힘내서 일하겠지?', '괜찮은 팀장이라고 팀원들끼리 얘기하겠지?' 천만의 말씀이다. 그 회식에 90년대생이 끼어 있었다면 아마 '회식에 참석했으니 당분간은 귀찮게 안 하겠지?'라고 생각할 가능성이 더 크다. 90년대생에게는 자신이 원하지 않았던 주제의 영화를, 그것도 불편한 팀장 옆에서 두 시간 가까이 어두운 곳에 갇혀 있어야만 했던 '고역(苦役, 힘들어 견디기 어려운 일)' 그 이상도 이하도 아니다. '간신히 퇴근'했는데 자신이 원하지도 않는 영화를 보기 위해 답답한 영화관에서 지루하게 앉아 있어야 하는, '또 다른 야근'을 하고 있는 90년생 홍길동 씨를 '측은지심惻隱之心'으로 상상해보라. 우울해 보이지 않는가.

이전 세대는 일을 잘하기 위한 동기부여를 위해 회식을 했지만,

90년대생에겐 일을 잘하기 위해서는 '서늘할 정도로 솔직하며 치열한 대화'가 거침없이 오고 가는 조직 문화가 필요하다. '진정한 조직의 단합'이란 각자 자신의 업무에 충실하되 필요하면 무서울 정도로 정직하게 대화를 나누는 것에서 시작된다고 생각하는 사람들이 90년대생이다. 그럼에도 여전히 과거 '회식을 통한 부서의 단합'에 관심이 있다면 잠시 광고회사에 재직 중인 한 91년생 여성의 이야기를 들어보자.

81년생 팀장이 가장 멋있었던 경우는 "2주간 밤샘 작업하느라고 정말 고생 많았어요. 같이 프로젝트 진행했던 친한 동기들과 맛있는 저녁 드세요"라며 법인카드를 건넸을 때였다고 한다. 마치 중2 딸의 아빠가 "수민아, 용돈 줄 테니 친한 친구와 방탄소년단 콘서트 다녀와라!"고 말하는 것이 "수민아, 아빠하고 같이 방탄소년단 콘서트 갈까?"라고 말하는 것보다 훨씬 멋진 것과 같은 이치다. 그러니 90년대생을 영화, 술, 볼링, 등산 등으로 잡아두려 하지 말자. '부서 단합', '팀 빌딩' 등의 이름으로 말이다.

90년대생은 '개인주의자'라고들 말한다. 하지만 그들의 개인주의는 합리적이다. 자신들만의 그룹을 만들 줄 알며, 나름대로의 교류에도 관심을 기울인다. '무작정의 고립'이 아니라 서로에게 이로움을 주는 '실용적 공동체'를 원한다. 그것이 효율이라고 생각한다. 그들이 생각하는 '관계의 밀도'란 '형식적 관계의 무의미한 반복'에서 깊어지는 것이 아니라, '편안하지만 필요할 때는 과격할 정도로 치열한 대화의 반복'에서 심화되는 것이다. 형식과 격식이 아닌 실질과 유연함을 원하고, 그것을 통해 효율을 추구하는 사람들이 90년대생이다. 당연히 그들은 업무에 있어서도 유연하면서도 담백한, 효율적인 프로세스를 선호한다.

예를 들어보자. 팀의 주요한 사안에 대해 이사에게 보고해야 하는 80년생 김 팀장이 있다. 며칠 전에 92년생 이 대리에게 자료를 요청했었다. 그러나 기다리는 김 팀장이 받은 것은 이 대리가 보낸 텍스트로 가득한 메일 한 통뿐이다. 첨부파일, 즉 보고 자료가 없다고 생각한 김 팀장은 이 대리를 자신의 자리로 부른다.

김 팀장 보고 자료를 달라고 했잖아요.

이 대리 어제 메일로 드렸는데요?

김 팀장 그게 아니라… 보고를 해야 하는데, 그래도….

이 대리 무슨 말씀이세요?

김 팀장 이사님이 보기 편하게 파워포인트로 만들어주면 안 될까요?

이 대리 네?

김 팀장 별로 힘든 것도 아니잖아요.

그냥 파워포인트로 옮겨 적기만 하면 됩니다.

이 대리 …

이 대리는 파워포인트를 따로 만들어달라는 김 팀장의 요구가 불편하다. 그는 이미 보고 자료를 보냈다. 메일, 즉 텍스트로 정리한 것이다. 그 내용은 대략 이랬다. '내년 한국 영업팀의 목표는 전년 대비 5% 성장한 연매출 기준 100억 원으로 설정했습니다. 이렇게 설정한 이유는 한국 경제의 저성장이라는 마이너스 요소도 있지만 전년도에 진행했던 우리 회사의 공격적인 설비투자에 따른 성과가 내년 2분기부터 예상되기 때문입니다. 하지만 위험요소가 있습니다. 정책당국의 규제가 예정되어 있는데 이것이 현실화될 경우 성장률은 5%에서 3.5%로 하향조정이 필요합니다.'

　　이 대리는 처음부터 파워포인트로 작업할 것을 지시하지 않은 김 팀장의 태도가 답답하다. 단순히 옮겨 적는 것에서 끝나는 것도 아니다. 옮기고 나면 그걸 또 도표화해 보라고 할 것이고, 여백은 꼭 좌우 15mm로 맞추라고 할 것이고, 폰트 크기 14에 견고딕으로 작성해야 하고, 중요한 단어는 음영 표기를 반투명으로… 등등. 이해되지 않는 꼬리에 꼬리를 무는 김 팀장의 지시사항에 분노가 치밀어 오를 것이 분명하다. 그들은 알고 있다, 일은 그때부터 시작이라는 것을. 자신부터 시작해 대리, 과장, 부장, 이사, 대표, 그리고 '반려'될 경우 다시 동일한 절차를 반복해야 하는 과정, 그것도 극히 형식적인 문제로 인해(글자 크기, 오타, 도표, 그래프 등) 일을 다시 한다는 건 효율성을 중시하는 이 대리에겐 속된 말로 '헬Hell'이다.

90년대생들은 '프로 효율러'다. 이전 세대가 '무작정 빨리빨리'를 원했다면 그들은 '효율적으로 빨리빨리'를 선호한다. 그렇다고 그들이 자신만의 생각을 고집하는 말 안 통하는 사람들은 절대 아니다. 거침없이 의견을 서로 주고받는 '디베이트Debate'는 언제든지 '오케이OK'할 준비가 되어 있다.

그런데 문제가 있다. 90년대생의 협업 파트너인 70년대생, 80년대생 등 이전 세대에게는 이런 솔직하고 투명한 대화가 어색한 것이다. '말하면 따르라'는 습관에 젖은 이전 세대는 '일 하나를 시켜도 시시콜콜하게 따지는' 90년대생의 태도가 마음을 불편하게 한다. 결국 갈등은 커져만 간다. 물론 기획안을 멋들어지게 파워포인트로 만들어서 절차를 밟는 과정, 이전 세대는 이를 '업무의 밀도'를 높이는 과정이라고 생각할 수도 있다. 하지만 90년대생들에게 그 과정이란 도저히 이해할 수 없는 업무적 왜곡의 강도를 높이는 시간일 뿐이다.

불필요한 절차에 반항하며 '대화의 직거래'를 원하는 그들에게 '윗사람 입맛에 맞춰 커뮤니케이션해야 한다'는 강요는 절대 받아들여질 수 없는 불합리다. 참고로 그들은 이미 아프리카tv나 유튜브 등 다양한 채널에서 '훨씬' 친절하고 '훨씬' 다정다감한 BJ, 유튜버와 '직거래 미디어'를 경험한 사람들이다. 이렇게 잘나가는 플랫폼, 이렇게 잘나가는 사람들과 커뮤니케이션하던 90년대생들인데 부장,

이사, 대표의 승인이 뭘 그리 대단하다고….

　유연하고 담백한 관계를 원하는 82년생 김 팀장이 92년생 이 대리의 아이디어를 얻고 싶다면, 아니 관계를 개선하고 싶다면, 그동안 일상적으로 행해졌던 불합리를 알아차리는 공부부터 해야 한다. "보고를 하려면 그래도 파워포인트로 만들어야지?"라는 지극히 비효율적인 착각부터 버려야 한다.

　하나 더, '업무에 대해 정확히 전달하지도 못하고, 일도 잘하지 못하는 선배와 함께하고 싶은 90년대생은 없다'라는 것도 잊지 말아야 한다. 불필요함은 비효율이며, 비효율은 시간 낭비다. 90년대생은 이를 깨기를 원한다. 그들과 함께 협업하고 싶다면 그들의 모습에 '긍정적인 놀라움'을 표현하고, 그 놀라움을 적극적으로 수용할 줄 아는 선배가 되어야 마땅하다. 그렇게 형식이 아닌 실질을 추구하는 '프로 효율러'로서의 90년대생을 받아들일 때 그들과의 관계는 비로소 유연하고 담백해진다.

　오늘도 수많은 90년대생은 명확한 설명 없이 지시하는 대로 로봇처럼 해대는 페이퍼 작업에 질려서 이직을 고민하고 있다고 한다. 기계처럼 작성한 보고서의 버전version 숫자가 10, 20이 넘어가는 것을 경험하면서 퇴사를 결심한다는 말도 있다.

이를 우습게 넘기지 말자. 90년대생의 마음을 읽지도 못하면서 '왜 우리 회사에 들어온 신입들은 오자마자 그만두지?'라고만 생각하는 인사부서장이 있다면, '왜 우리 부서에 들어온 신입들은 오자마자 그만두지?'라고만 고민하는 마케팅 팀장이 있다면, 그들은 '90년대생과 함께 일하는 방법에 관한 한 자격미달'이라는 것부터 깨달아야 한다.

축적된 경험으로
안전거리를 만든 '90년대생'

'싸이월드'를 거쳐 '페이스북'과 '인스타그램'을 지나 지금은 '유튜브'의 시대다. 인스타그램이 30~40대 젊은 여성, 이른바 '젊줌마'의 것이었다면 유튜브는 90년대생들의 것이다. 재미있는 일이 있으면 유튜브에 올리고 본다. 필요한 것이 있으면 유튜브를 검색한다. 그들이 관심을 두고 있는 유튜브, 그 인기의 비결은 무엇일까. 결국 '사람'이다.

'대학내일20대연구소'가 전국 만 15~34세 남녀 1,000명을 대상으로 2019년 5월 17일부터 6일간 진행한 '2019년 1534세대의 라이프스타일 및 가치관 조사'에 따르면 '인플루언서', 즉 유튜브 등 소셜네트워크서비스_{SNS}에서 수십만 명의 구독자_{팔로어}를 보유한

'SNS 유명인'에 대한 신뢰가 압도적인 것으로 나타났다. 관심을 두어야 할 부분은 '인플루언서에 대한 신뢰도'에 대한 긍정 응답이 51.9%에 이른다는 것이었다. 젊은 세대가 인플루언서에게 적극적으로 신뢰를 보내는 이유는 취향이나 가치관 그리고 생각이 비슷하기 때문이다.

이 조사로부터 한 가지를 배운다. 일터에서 90년대생과 거리를 좁히는 결정적 키워드 역시 '공감'이라는 것이다. 부모님 눈치를 봐가며 학자금 대출을 받아 4년제 대학을 다니는 데서 그치는 게 아니라 스펙 쌓겠다고 프레시맨 시절부터 온갖 고생을 다하고, 아르바이트 하느라 별별 인간들을 다 만나며 고생고생 끝에 졸업했는데 취업은 안 되고…. 간신히 입사했지만 들리는 거라고는 높은 집값에 대출은 막히고, 그래서 월급쟁이로는 평생 내 집 하나 마련하는 건 불가능에 가깝다는 이야기다. 한마디로 '이번 생은 틀렸어!'라고 한숨만 쉬는 90년대생을 대하는 리더, 선배 등 이전 세대는 말 한마디라도 조심스럽게 나눠야 한다.

그렇다고 90년대생들이 무작정 낙담에만 빠져 있다거나, 이전 세대에게 반감만 갖고 있는 것은 아니다. 그들과 인터뷰를 진행해본 바에 의하면 생각보다 이전 세대의 강점을 정확히 인지하고 있었다. 그들이 말한 이전 세대의 장점은 풍부한 경험, 조직을 향한 헌신,

책임감 등이었다. 그들은 그것들을 배우고 싶은 리스트에 올렸다.

이런 90년대생들의 마음을 읽기는커녕 '걔네들은 우리를 싫어해!'라고 선불리 단정한다면 관계가 좋아질 수 없다. 그들의 마음에 공감하고 또 진정성 있게 대화를 이어나갈 때 관계는 아름다워질 것이다. 하지만 여전히 리더, 선배로부터 시작되는 관계를 파괴하는 말과 행동으로 인해 모든 것이 물거품이 되어버리니 문제다.

자유로움, 창의력, 열정 등으로 무장한 90년대생과 함께하기 위해서는 그들의 장점을 수용할 줄 알아야 한다. '다르다'고 해서 '틀리다'고 말할 수 없다. 살아온 세월이 다르다고 자기 세대만의 경험을 고집하는 건 편협하다. 이미 경험했던 것을 자신의 큰 자산으로 여기고 있는 이전 세대의 편협한 생각들이 자기 나름대로 축적의 시간을 보내온 90년대생에게 윽박지름으로 표현된다면 관계는 파탄 나고 만다.

> **김 팀장** 이 대리, 체크리스트를 한번 작성해보세요.
> 처음부터 끝까지요. 어떤 문제가 있을지….
>
> **이 대리** 내일 파트너사와의 미팅 준비를 해야 하는데….
> 그 이후에 하면 안 될까요?
>
> **김 팀장** 그건 그거고 이건 이거죠.
>
> **이 대리** 팀장님 말씀은 알겠습니다.
> 하지만 팀장님도 아시다시피 내일 미팅이 중요해서요.

김 팀장 이 대리, 뭐가 그리 불만입니까?

이 대리 네?

김 팀장 팀장이 궁금하니까 만들라고 하는 건데 뭐 그리 말이 많냐고요?

이 대리 …

이래서야 대화가 될까. 관계가 가능해질까. 함께 일할 수가 있을까. 안타깝게도 비슷한 상황은 오늘 우리 주변에서도 끊임없이 일어나고 있다. 금융 업종에 근무하는 92년생 여성 한 분의 이야기는 이랬다.

"팀장님께서 업무분장 회의를 하자고 하더군요. 마침 생각하고 있던 것이 있어서 제 의견을 말씀드렸죠. 제 업무가 팀원 중 한 분인 차장님과 중복되니 조정이 필요할 것 같다고요. 회의가 끝났습니다. 40대 후반인 차장님이 잠깐 저를 보자고 하더라고요. 그러더니 하는 말씀이 '선배들이 다 생각이 있어 배분한 업무인데, 도대체 네가 뭔데 이래라 저래라 하는 거야? 신입이면 신입답게 입 다물고 있어야지!'라며 짜증을 내더라고요. 제가 왜 이런 말을 들어야 하는 거죠? 제가 잘못한 게 뭘까요? 의견을 나누자는 자리에서 제 이야기를 했을 뿐인데 왜 이러는 거죠? 회사는 마음에 들지만 조직 문화는 도대체 이해가 되지 않습니다."

이전 세대에겐 명령, 복종, 지시, 통제의 일상화가 일종의 경험으로 남아 있다. 좋다. 과거는 과거 나름대로의 의미를 지니고 있으니 그것 자체를 비난할 생각은 없다. 하지만 그런 것들이 비이성적이며, 비효율적이라는 것을 깨닫지 못한 채 새로운 세대인 90년대생에게 강요하는 것만큼은 자제했으면 한다. 공감이라곤 찾아볼 수 없는, 강제를 통한 업무의 흐름은 당장 대한민국 기업의 조직 문화에서 사라져야 할 악습이다.

90년대생이 걸어온 길, 즉 효율적이며 합리적인 축적의 시간들을 무시한다면 그들과 더 이상의 관계를 맺을 수 없다. 참고로 90년대생은 대학에서도 공부를 함께하는 것에 익숙한 사람들이다. '공부란 혼자 하는 것'이라는 생각했던 이전 세대와는 달리 '조별 과제' 등을 통해 함께 (좋든 나쁘든) 생각하고 이야기해왔다. 조원이 누구든지 (선배든 후배든) 관계없이 각자의 의견을 내고 또 함께 일하는 경험을 쌓아왔다.

그 과정을 통해서 90년대생은 집단의 시너지가 강력하다는 것을 경험으로 축적해왔다. 한 사람이 모두를 먹여 살린다? 영웅 한 명을 따라야 한다? 그것이 비효율적이라는 것을 안다. 그러기에 90년대생은 효율적이지 않은 프로세스나 누군가 한 명의 독단적인 말과 행동에 대해서 '도대체 왜!'라면서 강력한 의문을 제기하는 것에도 능하다. 이런 의문과 표현은 조직, 아니 사회의 힘이다.

참고로 90년대생은 1.5배 혹은 2배 빠르기의 '인강'에 친숙한 세대다. 자신이 아는 부분이 나오면 그냥 넘어가고, 자신이 궁금한 부분만 두 번 반복해서 공부할 줄 안다. 필요한 것에 집중해서 시간을 투입하는 것에 익숙한, 경제학의 원리인 '효율성 극대화 원칙'을 일상에서 경험으로 축적했다. 이런 그들에게 '최선을 다해서', '치열하게'라는 말만 거듭하는 이전 세대의 말은 답답하다.

시행착오를 통한 성공? 그들에겐 매력적이지 않다. 최선을 다하지 않더라도 성공하는 방법을 택한다. 물론 게으름이 동반된 성공을 기대하는 건 어쩌면 도둑놈 심보일지도 모르겠다. 하지만 할 수만 있다면 쉽게 가는 길을 찾아내려는 건 얼마든지 권장할 만한 일 아닌가. 그래서일까. 그들에겐 효율을 추구하는 영리함이 내재되어 있다. 이런 90년대생의 특성을 모른다면 과연 기업이 팀원이나 고객인 그들을 어떻게 일에 몰입하게 하고, 어떻게 상품을 구매하게 할 수 있을까. 불가능한 일일 것이다.

90년대생뿐만이 아니다. 90년대 중반부터 2000년대 초반에 출생한 Z세대Generation z가 몰려오고 있는 상황이다. 현대경제연구원에 따르면 우리나라의 경우 2017년까지만 해도 미성년자가 더 많았던 Z세대는 2018년을 기점으로 50%인 약 336만 명이 성인이 되었다. 미래의 잠재고객인, 아니 이미 현재의 실질고객인 이들을 이해한다는 것은 기업의 성쇠를 좌우하는 중요한 포인트가 되었다.

그들은 정보 습득부터가 다르다. 이전 세대가 포털 사이트를 열 때, Z세대는 유튜브를 연다. 정보를 찾고 공유하고 소비하는 전 과정이 아예 다른 것이다. '대학내일20대연구소'의 '온라인 채널별 의존도' 조사에 따르면 Z세대의 경우는 유튜브 의존도가 54%(일평균 이용 시간 2시간 29분)에 이르고, 포털(네이버, 다음) 의존도는 9.3%에 그쳤다. 그들은 자신의 취향을 스스로 결정한다. '이게 새로운 트렌드이고 콘셉트야!'라고 말해봐야 그들은 '정하는 건 난데?'라고 말하는 세대다.

90년대생과 소통하고 싶다면, 더 나아가 새롭게 사회에 진출하고 있는 Z세대와 협업하고 싶다면, 그들이 쌓아온 축적의 시간을 인정해야 한다. 그들이 경험한 시간들을 '그건 아무것도 아니야!'라며 무시하는 리더, 선배는 90년대생과 관계를 맺을 자격이 없다. 건강한 숲이란 다양한 나무들이 어우러져 있는 곳이라고 하지 않는가. 이전 세대가 소나무만 울창한 숲에서 경험을 축적했다고 한다면, 이제 시대는 소나무도, 참나무도, 작은 잡목도, 이름 모를 꽃도 함께 어우러진 숲에서 경험을 쌓은 90년대생의 것이다.

그런 그들의 모습, 있는 그대로 존중하는 게 맞다. 존중이란 무엇인가. 남의 물건에 함부로 손대지 말아야 하는 것처럼 잘 모르는 타인의 미래를 있는 그대로 인정해주는 일이다. 90년대생과 소통하겠다고 말하면서 이전 세대가 자기 세대의 틀에 가두려고 하는 순간,

존중은 깨어지고 공존은 사라진다. 요즘엔 결혼식 주례사에서도 '부부는 일심동체'라는 말을 하면 꼰대 취급받기 딱 좋다고 한다. 무슨 부부가 아메바도, 자웅동체의 하등생물도 아닌데, 일심동체를 부르짖느냐는 것이다. 동감한다.

서로 다르지만 얼마든지 조화롭게 살 수 있다. 이를 무시하고 똑같이 하라는 건, 무작정 하나처럼 행동하라는 건 유치하다. 90년대생을 바라보는 이전 세대의 시선이 달라져야 할 이유이다. 90년대생, 그들을 있는 그대로 바라보면서, 그들의 경험에 존중의 시선을 보내면서 소통을 시작해야 한다. 그때서야 비로소 90년대생도 사회 선배들의 경험, 즉 조직을 향한 헌신과 책임감 등을 자신의 것으로 받아들이며 새로운 경험으로 축적하려 할 것이다.

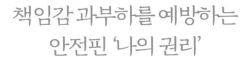

책임감 과부하를 예방하는
안전핀 '나의 권리'

임직원이 200여 명 남짓한 기업에서 일어난 일이다. 사장님이 참석하여 사업 및 영업 부서 직원들과 대화의 시간을 갖는 자리였다. 회사 전반에 걸쳐 궁금했던 점을 직원들이 질의하고 사장님이 응답하는, 의도 자체로는 꽤 괜찮은 시간이었다.

그런데…

90년대생 비용이 없어서 제가 맡은 상품의 프로모션을 못 하고 있습니다.

사장님 아, 이번 분기에는 그 상품에 대해 프로모션 계획이 없어서 그런 거니까 이해해주세요.

90년대생 그럼 저는 성과를 낼 수가 없습니다. 제대로 일할 수가 없어요.

사장님 (목소리를 높이며) 지금은 프로모션 여력이 없다고 했잖습니까.
그러니 좀 기다려 달라니까….

문제는 여기에서부터 시작됐다. 사장의 말이 끝나기가 무섭게 90년대생은 표정을 굳히며 이렇게 말했다.

"사장님, 그렇다고 그렇게 큰소리를 내시면 제가 엄청 잘못한 거 같잖아요. 목소리 좀 낮춰주세요."

사장은 평소에 직원들과 격 없이 잘 지내는 둥글둥글한 분이었단다. 그런 사장도 이제 직장생활 갓 2년 차인 90년대생의 말에는 화가 났다.

"사장인 내 의견이 그렇게 듣기 싫어요?"

90년대생도 지려고 하지 않았다.

"저도 성과가 필요한데 그렇게 강요하듯이 말씀하시면 일하기 힘듭니다. 회사 다니기 어렵다고요."

이에 대해 사장은 목소리를 높이며 "그토록 일하기가 힘들면 언제든 우리도 ○○씨의 뜻을 존중해주겠습니다"라고 말했다. "네? 알겠습니다"라고 대답을 마친 90년대생은 서먹해진 그 자리에서 바로 나가버렸단다. 사무실에 있다가 나머지 근무 시간을 채우고 퇴근했는데…, 어떻게 했을 것 같은가. 그 길로 회사를 그만뒀단다.

이 얘기를 들려준 사람은 해당 회사의 중간관리자(80년대생)였다.

참고로 문제의 90년대생과 평소에 대화를 나눈 적이 있었는데, 그냥 말수 적고 낯을 좀 가리는 친구였단다. 그런 그가 사장과 불화를 일으키는 것을 보고, 그리고 그 이후의 행동을 보면서 깜짝 놀랐단다. 자신이라면 사장에게 지적을 당하더라도 일단은 수긍하고 아쉬운 점에 대해서는 추후에 고민했을 것이다. 그런데 자신의 감정을 정면에서 표출하는 것은 물론, 행동으로 옮기는 것에도 거리낌이 없는 90년대생을 보고 '이게 요즘 방식인가?'라고 생각했다는 것이다. 그러면서 그는 말했다.

"요즘 친구들과 대화할 때는 특히 주의해야겠어요."

개인적인 생각이지만 일단 90년대생의 행동은 지나치다고 생각한다. 물론 내가 직접 그 자리에 있지 않았으니 함부로 말하는 것은 조심스럽다. 그럼에도 사장과의 다툼(?)을 퇴사로 이어가는 행동은 글쎄…. '신입사원에게 호통 한번 쳤더니 침울한 표정으로 한 달을 지내더라'고 말하던 한 중견기업 임원의 답답하다는 표정도, '90년대생은 도대체 직업에 대해 어떻게 생각하는지 궁금하다. 직업윤리라는 게 있는 건지 의심스럽다'라며 목소리를 높였던 중소기업 회사 대표의 말도 기억난다. 하지만 그렇다고 해도 이 사례에서는 무작정 사장의 편을 들고 싶지는 않다. 90년대생의 말, 듣기 거북했겠지만 포용력 있게 받아주어야 하는 것은 사장의 몫이라고 생각하기 때문이다.

참고로 2019년 취업포털 인크루트가 진행한 '올해의 인물' 투표에서 1위를 차지한 사람이 누구인지 아는가. 교육방송 EBS가 어린이 프로그램용으로 만든 캐릭터인 '펭수'다. 사장 이름까지 거침없이 부르는 '사이다' 행보에 90년대생들은 열광했다. 생각해보자. "다 잘할 순 없어. 하지만 잘하는 게 있을 테니 그걸 더 잘하면 돼"라는 펭수의 격려를 듣고 본 90년대생에게 '어떻게 (감히) 사장한테 언성을 높이느냐?'는 사장의 말이 과연 귀에 들어올까. 앞으로 90년대생과의 소통을 이끌어내고자 한다면 듣기 싫은 말을 가감 없이 던지는 그들의 목소리에 오히려 박수를 치고 기뻐하려는 마음의 준비를 먼저 하는 게 좋다.

90년대생의 '탈권위주의 의식'을 받아주지 못하는 한 조직 문화의 개선, 특히 기업에서 소통의 발전은 불가능할 것이다. 이젠 생각을 바꿔야 한다. 90년대생이 목소리를 높일 때 감사의 마음으로 들어야 한다. 아니, 어떻게 해서든지 그들이 목소리를 높이도록 독려해야 한다.

최근에 한 신문기사를 봤는데 '전기차'에 관한 이야기였다. 전기차가 요즘 많이 팔린다고 한다. 우리나라의 전기차 등록대수는 2014년 2,946대에서 2019년 7월 기준 7만 8,660대 수준으로 급격히 증가했다고 한다. 그런데 전기차 하면 무슨 생각이 드는가. 사람에 따라 다르겠지만 나의 경우에는 연비 절감, 환경 보존, 소음 없음

등이 생각난다. 그런데 이 중에서 '소음'과 관련하여 나의 선입견과 다른 취지의 기사를 보게 되었다. 제목은 〈EU '조용한 전기차는 불법, 일부러 소리 내라'〉라는 것이었다. 내용은 대략 이랬다.

EU(유럽연합)는 전기차에 의무적으로 '소리를 내는 장치'를 장착할 것을 의무화했는데 전기차가 너무 조용한 탓에 보행자들이 차가 접근하는 것을 알아차리지 못하기 때문이다. 이에 따라 2019년 7월 1일부터 4개 이상의 바퀴가 달린 모든 개인 및 상업용 전기차에는 반드시 '어쿠스틱 차량 경보 시스템AVAS, Acoustic Vehicle Alert System'을 장착하게 되었다. 이로 인해 보행자들이 전기차가 접근하는 것을 소리로 좀 더 쉽게 판단할 수 있게 되었다.

소리가 너무 나지 않아서 일부러 소리를 내게 한다? 재미있는 일 아닌가. 이 기사를 보며 우리들은 후배, 부하, 신입사원들이 마음 놓고 소리를 내는 기업 문화를 갖고 있는지 반성해야 한다. 아울러 EU가 전기차에 소리를 내는 어쿠스틱 차량 경보 시스템을 의무적으로 장착하게 한 것처럼 우리 기업의 소통 문화를 위해서도 비슷한 것이 있으면 어떨까 하는 힌트를 얻었다. 예를 들어 '어쿠스틱 주니어 경보 시스템AJAS, Acoustic Junior Alert System'이라고 하면 어떨까. 소리를 내지 않는 주니어, 그러니까 90년대생이 말을 하지 않을 때 어떻게 해서든지 말을 하도록 해서 그 소리를 선배, 리더, 윗사람 등이 경고처럼 새겨들을 수 있는 시스템을 만들어내는 것이다.

말하지 않는다고 잘 지낸다고 생각하지 말고, 그들이 자신의 생각들을 아낌없이 풀어낼 수 있도록 도와주는 체계를 구축하는 것, 이것이 조직 문화에 필요한 기술이 아닐까.

하지만 안타깝게도 90년대생의 말을 들어주기는커녕 더 이상 표현하지 않게 만드는 이전 세대의 대응이 너무나 많이 목격되고 있어서 슬프다. 잘나가는 온라인 쇼핑 회사에서 기획 업무를 하는 90년대생의 말을 들어보자.

"일이 자꾸만 쌓여갔다. 이상했다. 왜 나만 일이 많아지는 것일까. 선배인 과장님에게 물어봤다. '저에게만 일이 산더미 같이 쌓여요.' 과장님의 대답은 이랬다. '문제를 입 밖에 내는 순간 그게 문제가 되는 거야. 그리고 그게 일이 되는 거야. 그러니 앞으로 문제가 생겨도 그냥 대충 숨겨둬.' 이게 무슨 말일까? 도대체 과장님의 말이 이해가 되질 않는다."

용기를 내어 목소리를 낸 90년대생에게 선배라는 사람이 대답한 해법은 속된 말로 '입 닥쳐!'였던 것이다. 이런 조직, 발전을 기대할 수 있을까. '문제를 입 밖에 내는 순간 그게 문제가 된다. 그러니 나서지 마라'는 말, 솔직히 이전 세대에게는 익숙한 것도 사실이다. 나역시 '좋은 게 좋은 거다'라면서 살아온 세월들을 '직장생활의 지혜'라고 생각하고 있었음을 고백한다. 하지만 언제까지 이런 왜곡된 조직 문화를 붙잡고 있을 것인가. 절대 안 된다.

지금이라도 90년대생들의 말 속에서 조직 문화 개선의 기회를 찾아낼 줄 알아야 한다. '문제가 생겼는데 말을 하지 말라고? 그럼 이 일은 누가 처리해?'라면서 반발할 줄 아는 그들의 모습이야말로 지금 당장 우리 기업들이 수용해야 할 마인드다.

조직 공동의 문제를 발견했을 때, 불합리한 것을 보았을 때, 참지 못하고 분노할 줄 아는 90년대생의 자세를 받아들여야 한다. '격렬한 정직성'을 받아들일 줄 아는 조직만이 지속 가능한 미래를 꿈꿀 수 있기 때문이다. 젊은 구성원들의 이야기를 들어주지 않고, 들으려고도 하지 않는 기업의 미래는 암담하다. '가만히 있으면 중간은 간다'가 여전히 미덕인 기업이라면 그 회사는 퇴보의 길을 걷고 있는 셈이다. '성과에 도움이 안 되는, 쓸데없는 것까지 챙기는 팀장의 모습에 "팀장님은 디테일이 강하세요!"라고 말하는 구성원만 가득한 조직에 소통이란 없다.

하나 더, 90년대생이 일상에서는 활발하게 했던 의사 표현을 직장에서는 그만두는 이유가 또 있다. 말을 하는 사람에게 책임을 지게 하는 이전 세대의 태도가 문제였다. 말하는 순간 온전히 한 개인의 책임으로 돌리는 왜곡된 소통 문화를 겪게 되면 90년대생들은 아예 입을 닫아버린다.

김 팀장 이 문제에 대해 어떻게들 생각해요?

이 대리 다음 달엔 마케팅 채널을 단순하게 가보면 좋겠습니다.

김 팀장 예를 들어서?

이 대리 공식 유통채널에 인센티브를 주는 거죠.

　　　　유통채널에서도 이미 지속적으로 요구하던 일이고요.

김 팀장 이 대리가 한번 해봐요.

　　　　이번 주에 간단한 페이퍼라도 볼 수 있으면 좋겠고요.

이 대리 네?

　　90년대생은 말할 줄 안다. 하지만 말을 하는 순간, 모든 부담이 자신에게 돌아오는 것을 반복적으로 경험하게 되면 더 이상 의견을 내놓지 않는다. 말한 사람이 그 책임을 가져가야만 하는 조직은 건강하지 못하다. 문제를 발견하고 그것을 해결해보자는 의견을 냈는데 오히려 그 해결의 책임을 지는 것은 모순이다. 90년대생이 조직 공동의 문제점을 발견해냈다면 이전 세대가 해야 할 일은 성급하게 그 책임을 문제의 발견자에게 전가하는 게 아니라 조직 공동의 문제로 고민하면서 적당한 담당자를 선정하는 일이다.

　　누군가 그랬다. '90년대생들은 조직에 대한 충성도가 약하다.' 나는 그렇게 생각하지 않는다. 그들 역시 조직에 대한 충성도는 강하다. 아니, 오히려 '건강한 충성도'라는 기준에서 봤을 때는 훨씬 더 강하다. 이전 세대의 조직에 대한 충성은 맹목적인 경우가 많았다. 조직의 겉모습(예를 들어 위계질서) 그 자체, 혹은 조직이 아닌 사람에 대한 충성을 충성으로만 여긴 것들이 그것이다.

90년대생의 조직에 대한 충성은 다르다. 그들은 조직의 불합리한 점을 발견한다면, 그것을 함께 의견을 공유해야 할 안건으로 올린다. 일찍 출근하는 것이, 개인적인 약속을 미루고 상사와 밥을 먹어주는 것을 충성이라고 생각하는 이전 세대와 달리 그들은 자신이 속한 조직의 문제점을 발견하고 그것을 토론을 통해 해결해나갈 때 비로소 제대로 된 충성을 했다고 생각한다.

물론 회사가 개인에 대해 터무니없는 희생을 강요하는 것 이상으로 책임감 없이 행동하면서도 '나에게 희생을 강요하지 마라!'며 엉뚱한 말을 하는 90년대생이 있음도 사실이다. 하지만 그런 친구들이 다수를 차지하고 있다고 생각하지 않는다. 걱정할 필요도 없이 대부분의 90년대생은 조직이 원하는 철저한 책임감의 소유자이다. 나는 그것을 믿고 싶다. 아니, 믿는다.

90년대생과 제대로 된 소통을 하고 싶은가. 그렇다면 '듣고 싶은 말을 듣지 못했다'면서 서러워하지 말자. 대신 '듣지 못했던 말을 듣게 됨으로써 우리 조직의 성장 무기로 삼을 수 있게 되었다'고 기뻐하면 좋겠다.

조직의 문제점에 대해, 업무 프로세스의 불합리성에 대해, 지시 명령 체계의 비효율성에 대해 의문을 제기하는 90년대생과 마주할 때 즐거워하는 선배들이 가득한 회사, 이런 회사라면 현재 세계적 불안정성과 미래 시장의 불확실성 속에서도 꽤 괜찮은 조직 문화를 갖춰 지속 가능한 기업으로 자리매김하게 될 것이다.

'미 제너레이션'을 격발하는 트리거의 정체

이전 세대는 자신이 한 일, 자신이 속했던 조직 등에 대한 자부심이 남다르다. 그 자부심은 결국 그들을 업무에 몰입하게 만드는 열정으로 전환되었다. 그런데 그 모습들이 90년대생에게는 영 익숙하지 않다. 예를 들어보자. 이전 세대가 훈장처럼 하는 말이 있다. "내가 당신 나이 때에는…", "옛날 옛적에 말이야…", "내가 해봤는데 말이야…" 등이다. 그런데 그거 아는가. 70년대생, 80년대생이 자랑스럽게 '무용담'이라고 펼쳐놓는 이야기들의 상당수가 90년대생에게는 '도대체 이해할 수 없는 괴담'으로 들릴 수 있다는 것을 말이다. 예를 들어 "내가 신입사원 때는 나오지 말라 해도 주말에 나왔어", "내가 대리 진급했을 때는 팀 사람들한테 한우갈비를 쐈었는데…",

"내가 사회 초년생일 때는 회식 중간에 함부로 집에 먼저 가지 않았어", "내가 직장생활 할 때는 부서 사람들과 매일 술 마시면서 친목을 다져 나갔다고."

어디 이뿐인가. 술을 마실 때는 안주 없이 늘 '깡술'이었다느니, 소주를 마셔도 '격하게' 세 병은 기본이었다느니, 양주 한 병을 마시고도 그다음 날 멀쩡하게 출근했다느니…. 이건 자랑이라고 할 수 없다. 전날 술자리에서 있었던 일을 기억하지 못하는 블랙아웃(일명 '필름 끊김') 증세를 자랑처럼 이야기하는 이전 세대의 모습, 90년대생에게는 그저 기괴해서 '가까이 하기엔 너무 먼 당신'으로 생각될 수 있다.

90년대생과 대화하려는 모든 분에게 꼭 말하고 싶다. '한때의 왕년'을 떠올리는 말들을 하고 싶은 자신을 발견했다면 즉시 부끄러워하라고. 당신만의 추억은 당신의 마음속에서나 아름다운 법이다. 타인에게 당신의 추억을 강요하는 순간, 추해진다는 걸 알았으면 좋겠다. 아니라고? 나름대로 열정의 경험이었다고? 됐다. 90년대생에게는 '혐오의 괴담'일 뿐이다. 당신에겐 '전설'이겠지만 90년대생에겐 '허풍'이라는 것을 알아야 한다. 참고로 한 90년대생은 과거 세대의 '추억 타령'을 두고 이렇게 생각했단다. '회사가 그렇게 좋았나? 자기 생활은 내팽개칠 정도로?' 멀쩡한 옛날 사람까지 욕을 먹여서야 되겠는가. 90년대생을 알아야 한다. 그들은 누구인가.

2013년 〈타임〉지는 90년대생들을 'The Me Me Me Generation (오타가 아니다. Me가 3회 반복된다)'이라고 칭했다. 일터에 모든 것을 걸었던 부모 세대와 달리, 'The Me Me Me Generation'은 자신에게 우선 집중한다는 특징이 있다고 했다. 이룰 수 없는 (혹은 언제 이루어질지 모를) 무엇인가를 위해 지금을 희생하기보다는 지금 당장 실현할 수 있는 '로망'에 관심을 두는 세대라는 것이다.

그런 그들을 어떻게 움직일 수 있을까? 어떻게 업무의 파트너로서 협업할 수 있을까? 여러 대안과 방법이 있겠지만 그 무엇보다도 그들에겐 재미와 보람, 칭찬과 감탄이 필요하다는 것을 알아야 한다. '내가 당신 때는 그렇게 하지 않았어!'라는 무작정의 억압이나 강요의 말 대신에 '혹시 일하는 과정에서 나의 도움이 부족한 건 없나요?'라고 물어보는 '선배다움'을 지니도록 해야 한다. 그것이 관계의 거리를 좁히는 지름길이다. 하지만 안타깝게도 여전히 대한민국 기업 문화는 여기에 한참 미치지 못하고 있는 듯하다.

김 팀장 왜 이렇게 된 것 같아요?

이 대리 …

김 팀장 말해보라고요.

이럴 것 같아서 점검표를 만들어보라고 한 것 아니에요.

이 대리 …

김 팀장 할 말 없죠? 팀장이 하는 말을 흘려들어서 이렇게 된 거잖아요.

이 대리 …

김 팀장 나 때는 윗사람이 말하면 묻지도 따지지도 않고 움직였다고요.

이 대리 …

김 팀장은 대화를 통해 과연 무엇을 얻고 싶은 걸까. '내가 더 똑똑하고 나은 사람이니 쓸데없는 말 하지 말고 나를 따를 것'에 대해 증명하고 싶은 걸까? '나의 생각은 절대 변할 수 없다는 것'을 강력하게 선언하는 카리스마일까? 김 팀장의 말은 90년대생인 이 대리에게는 '들리지 않는 소음' 혹은 '흐릿한 잡음'일 뿐임을 모르는 무식함이다. 90년대생과 진정으로 대화를 원한다면 약자이자 후배이며, 팀원인 90년대생이 강자이자 선배이며, 팀장인 윗사람에게 거침없이 말을 할 수 있는 조직 문화가 선행되어야 한다.

갑갑하기 이를 데 없는 이 사례는 절대적으로 반대의 모습이어야 맞다. 이 대리가 김 팀장에게 다음과 같이 말하면 어떨까? "왜 팀장님은 이렇게 생각하시는 거예요?", "제가 이럴 것 같아서 팀장님께 점검표가 필요한 거냐고 물어봤잖아요", "팀장님이 제 말을 흘려들어서 결국 이렇게 된 거잖아요." 어떤가, 감당할 수 있겠는가. 세계적인 기업 애플의 창업주 고(故) 스티브 잡스가 한 말이 떠오른다.

"내가 지시를 내릴 사람이 아니라, 나에게 지시를 내릴 사람을 채용하고 싶다."

스티브 잡스의 이 말이 일반적으로 통용될 수 있는 대한민국의 기업들이 많아지기를 희망한다.

고래를 잡겠다면서 선원들의 의견을 무시한 채 어설픈 '카리스마'만 내세우는 선장이 있다. 결국 고래에 명중시킨 포경밧줄에 걸려 오히려 배가 침몰하고, 선원 전원을 사망하게 만든다. 허먼 멜빌의 소설《모비딕MOBY-DICK》에 나오는 배의 리더인 에이허브 선장의 이야기다. 혹시 이 선장의 모습이 우리 기업의 리더들과 닮아 있지 않은가? 자신이 옳다고 우기는 리더, 선배들 때문에 일을 그르치고 이에 따라 비용이 발생하며(일종의 '꼰대비용'), 결국 기업의 성장을 방해한다면 안타까운 일 아닐까. 목소리만 큰 한 개인의 위신(?)을 세워주는 것에는 성공할지 모르지만 중·장기적으로 한 기업의 몰락을 가져오는 단초가 된다면 매우 심각한 일이 된다.

다행인 것은 이제 이전 세대들도 젊은 세대와 대화하는 법을 알려고 노력하고, 또 그렇게 대화하고 있다는 점이다. 윗사람이, 높은 사람이, 강자가, 리더가, 팀장이, 임원이 겸손해지는 것이 진정한 관계의 개선임을 알고 있기 때문일 것이다. 실제로 한 여행사 CEO는 '어떤 구성원이 가장 예쁜가'라는 질문에 "저를 지적으로 자극하는 후배, 제가 오히려 질투심을 느낄 정도로 뛰어난 후배가 가장 예쁩니다"라고 대답했다. 스무 명 남짓한 작은 기업을 운영하는 젊은 사업가 역시 "직원의 행동이 제 생각으로 도저히 용납되지 않을 때도 있어요. 그때는 다시 한번 마음을 고쳐먹고 서로 이해될 수 있을 때까지 소통을 시도합니다. 제가 쫓아다니면서 대화를 시도합니다"라면서 관계의 개선을 위해 최고의 노력을 하는 것이 사장의 역할이라고 말했다. 바람직한 마인드다. 사실 90년대생이 이전 세대에게 대단한 것을 요구하는 것도 아니다. 그들 중 한 명은 이렇게 말했다.

"선배들이 저를 이해해주기를 바라지 않습니다. 사실 저 스스로도 제가 이해가 안 되는 경우가 많거든요. 다만 다르다는 것 정도는 알아주셨으면 합니다. 이해는 못 하더라도 다르다는 것만 인지해주어도 분명히 관계는 더 좋아질 것이라고 생각합니다."

우리의 90년대생을 다시 한번 바라보자. 그들의 다름을 알아차리지도 못한 채, 그들의 의견을 적극적으로 받아들일 수 있는 시간과 공간을 제대로 마련하지 못한 채 '우리의 조직 문화는 꽤 괜찮다'라고 착각하고 있는 건 아닌지 솔직하게 반성해보자. 여전히 잘 모르겠다면 스스로에게 딱 하나만 물어보자. "90년대생의 솔직함을 감당할 수 있습니까?" 이에 대한 대답이 0.5초 만에 "그렇다"라고 나오길 희망한다.

90년대생이 관계의 적정거리를
엄격하게 구분하는 이유

90년대생은 이전 세대와는 살아온 날들부터 다르다. 바로 직전 세대인 80년대생과도 전혀 다른 양상을 보인다. 이유는 무엇일까. 정보를 찾아내고 활용하는 플랫폼 자체가 다르기 때문이다. 80년대생은 '웹Web' 세대다. 반면 90년대생은 '앱APP' 세대다. 작은 차이라고 생각할 수 있겠지만 작은 차이 하나에서부터 이질감이 발생하는 법이다. 노트북을 켜서 인터넷에 접속하는 데 걸리는 시간에 비해 애플리케이션을 터치한 후 자신이 원하는 사이트에 접속하는 것은 상당한 차이가 있다. 그래서일까. 90년대생은 80년대생에 비해 즉각적이며 합리적이다. 관계도 마찬가지다. '왜 저렇게 말을 하지?', '왜 저렇게 행동하지?'라는 생각이 들면 관계를 끊는 것도 빠르다.

'너와 나의 거리'를 잘 잴 줄 알며, 그만큼 '너와 나의 영역'을 존중한다. 자신의 영역이 침해된다면? 그건 그들에겐 불편함을 넘어 모욕이다.

언젠가 직장생활 3년 차에 접어든 90년대생들을 대상으로 특강을 하게 되었다. 쉬는 시간에 그 중 한 명이 찾아와 이런 말을 했다.

"팀장님이 슬쩍 제 뒤로 와서 노트북을 훔쳐보는 게 정말 싫습니다. 왜 엿보는 건가요? 왜 감시하는 거죠? 제 소원이 있다면 구성원들 모두 각각의 방이 있는 회사를 찾아서 이직하는 겁니다. 대한민국에 그런 곳이 있을까요?"

직속상사인 팀장이 이 말을 들었다면 아마 '팀장인 내가 팀원이 뭐하는지 보는 게 뭐가 그리 문제라고?'라면서 어이없어 할 것이다. 하지만 90년대생과 쓸데없는 마찰을 피하고 싶다면 '감시' 위주의 통제는 그만두기를 권한다. 사람은 누구나 혼자만의 공간을 필요로 한다. 업무 영역 역시 예외는 아니다. 별도의 방이 있는 것도 아닌, 칸막이가 있는 것도 아닌, 개방된 공간이라면 더더욱 타인에 대한 스트레스는 심해진다.

참고로 90년대생에겐 대부분 유년시절부터 자신만의 방이 있었다. 과거와 달리 자녀의 숫자가 줄어든 결과로 집에도 자신만의 공간이 생겼다. 이런 그들이기에 '혼자가 제 맛'인 것에 익숙하다. '1인 체제'가 편하다. 자신의 영역을 누군가 함부로 침범한다? 견뎌내기 어려운 상황이다. 실제로 그들은 엄마, 아빠도 노크를 안 하고 자신의 방에 들어왔을 땐 신경질(!)을 내면서 자라난 세대다. 선배라고, 팀장이라고 자신의 공간(!)인 노트북을 함부로 염탐한다? 절대 참을 수 없는 일일 것이다. 이런 그들과 소통할 때 여전히 이전 세대의 생각만 앞세워 '내 것은 내 것, 네 것도 내 것'이라고 하다간 돌이킬 수 없는 관계의 단절만 있게 될 것이다.

이쯤에서 '생활공간'이라는 사회심리학 개념을 알아두면 좋다. 이는 '한 개인이 자신을 둘러싸고 있는 것들에 개인적 의미를 부여하는 공간'이다. 이전 세대들은 타인으로부터 자신의 영역, 즉 '생활공간'을 침범당해도 '그럴 수 있지'라고 생각하려고 했던 사람들이다. 90년대생은 다르다. 자신이 의미를 부여하는 공간은 그것이 지극히 사적인 것이든, 아니면 회사와 같은 공적인 것이든 관계없이 철저하게 지키려 한다. "윗사람이라고 제 노트북을 함부로 엿봐도 되는 겁니까!"라는 항의를 듣기 싫다면 90년대생의 생활공간을 인정해주어야 한다. 물리적 공간만이 아니다. 과거에는 개인적인 이야기를 함부로 해놓고 그것을 '더 가까워지는 과정'이라고 생각하는 사람들도 많았다. 하지만 90년대생에게 그랬다가는?

김 팀장 남자친구 생겼죠?

이 대리 무슨 말씀인지요?

김 팀장 아닌 척하기는…. 괜찮아요, 팀장이 그 정도는 알고 있어도 돼요.

이 대리 아닌데요.

김 팀장 이 대리 카톡 상태 메시지 보니까 'D+5'라고 써놨던데 그거 사귄 날로부터 5일 됐다는 말 아니에요?

이 대리 네?

김 팀장에게 악의는 없다. 나름대로의 관심을 표현했다. 하지만 조심해야 한다. 이 대리에게는 그 관심이 불편하다. '팀장이 나의 남자친구 존재 유무를 알아야 해? 나의 톡 상태 메시지를 함부로 보는 것도 모자라서 그걸 갖고 저렇게 말해도 돼?'라는 짜증만 불러올 뿐이다. "능력만 좋아선 직장생활 힘듭니다. 필요하면 자신의 사생활도 오픈하면서 친하게 지내야죠"라고 말하는 김 팀장이 혹시 당신의 모습이라면, 제발, 정말 제발 정신 차리길 바란다. 타인의 사생활에 대해 함부로 말하는 건 팀장의, 선배의 당연한 권리가 아니라 팀장이, 선배가 절대 피해야 할 오지랖이다.

물론 일이란 건 능력만 갖고 되는 것이 아니다. 적절한 인간관계도 필요하다. 하지만 타인의 사생활에 대한 일방적인 앎만이 인간관계의 필수 요소는 아니다. 90년대생에게 적용될 수 있는 인간관계는 선배로서, 리더로서의 탁월한 능력과 역량의 우월성을 기초로 도움을 줄 수 있는 배려의 여부에서 시작되며 또 완성된다. 실력도 없이, 부드럽고 따뜻하게 표현하는 방식도 모른 채 상대방인 90년대생 개인의 사적인 얘기를 아무렇지도 않게 하면서 "뭘 그런 걸 갖고 그래, 예민하게…"라고 말하는 사람이 당신이라면 90년대생과 다채로운 관계를 맺는 건 불가능하다.

답답할 수도 있겠다. 실제로 한 80년대생인 40대 초반의 팀장은 "솔직히 요즘 입사한 친구들은 자기가 듣기 싫은 말을 하는 사람을 모두 다 꼰대라고 하는 것 같다. 본인이 잘못해 놓고도 그에 대한 추궁을 들으면 그 추궁하는 사람을 꼰대라고 해버리는 데 이건 지나친 자기방어 아닌가 싶다. 무슨 대단한 방패라도 갖고 있는 것처럼…. 도대체 말이 안 통한다"라며 한탄했다. 그의 말을 부정하진 않겠다. 하지만 결론부터 말해보자면 '말이란 원래 통하지 않는 게 정상'이다. 동물생태학자로 유명한 최재천 교수가 한 강연에서 이와 비슷한 취지의 말을 했다.

"동물행동학은 한때 소통을 '서로에게 이로운 정보를 교환하는 행동'이라고 정의했었습니다. 하지만 지금은 다릅니다. 소통이란, 소통을 원하는 자가 소통의 목적을 이루기 위해 일방적으로 끊임없이 노력해야 하는 관계입니다. 툭 하면 소통이 안 된다고 하소연하는 사람이라면 소통의 근본을 모르는 것입니다. 상대방이 이해할 때까지 수천 번이라도 설명과 설득을 반복해야 합니다. 그렇습니다. 소통은 원래 잘 안 되는 게 정상입니다."

어떤가. 수천 번이라도 설명과 설득을 반복할 준비가 되었는가.

90년대생을 오직 '소통의 대상'으로만 보는 것도 사실 불편하다. 그들이 무슨 걸림돌인가. 90년대생을 그 자체로 '소통의 목적'으로 봐야 하지 않을까. 90년대생이 자신, 그리고 세상을 더 훌륭하게 만들어주는 화두를 던질 수 있는 세대라고 보면서 적극적으로 그들을 긍정해야 한다. 이전 세대가 자신들만이 알고 있던 세상에서 좀 더 넓게 세상을 바라보는 데 90년대생의 특징이 도움을 줄 것이라고 생각하면서 말이다. 어렵다. 하지만 배워야 한다. 아쉽게도 이전 세대는 타인과 소통하는 법을 제대로 배운 적이 없다. 아니, 소통이 아닌 것을 소통이라고 생각하면서 살아왔다. 괜찮다. 지금이라도 배우면 된다. 90년대생의 등장에 이렇게 감사를 보내면서 말이다.

"새로운 문화를 알게 해줘서 고맙습니다."

일탈을 방지하기 위해
자기보상을 활용하는 세대

직장생활 갓 2년 차에 퇴사를 결심하고 그것을 실행에 옮긴 한 90년대생의 이야기다.

"어느 날 부장님이 저를 부르더니 제가 하는 업무에 대해 처음부터 끝까지 설명해보라고 했습니다. 당황하기도 했고, 도대체 무슨 상황인지 판단도 잘 되지 않아서 대답이 서툴렀습니다. 그런데 이렇게 말씀하더군요. '아직도 업무에 대해 깔끔하게 설명하지 못한다는 건 아이큐가 낮아서 그런 거야. 아이큐가 낮은 이유는 유전인데…' 제가 업무에 대해 완전히 파악하지 못한 건 물론 잘못입니다. 그렇다고 부모님에 대한 모욕까지 듣고만 있어야 하는 건가요.

지금은 공무원 시험 공부 중인데 생각해보면 그 당시에 '왜 참았지'라는 억울함밖에 없습니다."

이런 말을 하는 사람들이 있다니 솔직히 믿고 싶지 않다. 하지만 이 사례에서 확인된 '부장' 같은 사람들, 우리 주위에는 여전히 너무나 많다는 신고(?)가 90년대생들과 인터뷰하는 과정에서 수없이 들려왔다. '아니, 다시 생각해봐. 네가 틀렸어. 내 말이 맞아!'가 입에 붙어 있는 윗사람, 선배, 리더…. 이것이야말로 '권위주의'요, '갑질'이며, '꼰대질'의 전형적인 형태임을 왜 이전 세대들은 깨닫지 못하는 것일까. 작은 중소기업의 90년대생 신입사원은 모르는 걸 물어볼 때마다 "이것도 몰라? 꼭 가르쳐줘야 해?"를 반복하는 선배 때문에 입사한 지 3개월도 안 되었지만 퇴사를 결심했단다. 마지막으로 그가 한 말은 이랬다.

"권력이 꼰대를 만드는 것 같아요."

90년대생의 시대라고 한다. 그렇다면 그들이 원하는 것, 그들이 잘하는 것에 초점을 맞춰 말하고 행동해야 한다. 이것을 모른 채 결국 90년대생과 함께하는 밝은 미래를 기대하기는 거의 불가능하다. 회사는 인재를 잃을 것이다. 성장의 원동력을 상실할 것이다.

이쯤에서 '꼰대' 이야기를 안 할 수가 없다. 꼰대를 여러 가지로 정의할 수 있겠지만 한 가지 확실한 특징이 있다. 그 특징은 이 한 문장으로 요약된다. '나는 맞고 너는 틀리다!' 단, 전제가 있다. 이때 '나'는 그 무엇이 되었건 '유리'한 위치에 있으면서 한편으로 그 '유리함'을 이용하는 사람을 말한다. 어린아이들 역시 '나는 맞고 너는 틀리다'라는 생각을 갖고 있다. 하지만 그들을 꼰대라고 부를 수 없는 이유는 자신이 유리한 위치에 있음을 적극적으로 이용하지 않기 때문이다. 어쨌거나 누군가 나에게 "당신은 틀렸어. 내가 맞아!"라고 말하는 것을 듣고 있어야 한다면 그것만큼 불행한 일이 또 있겠는가. 남을 지배하고 우위를 점함으로써 자신의 가치를 높이려는 사람들, 자신의 부족함을 볼 용기가 없으니 괜히 멀쩡한 남과 비교하면서 자신의 근본적 열등감을 우월한 지위로 합리화하려는 사람들과 함께 있어야 하는 상황만큼 답답한 것이 또 있겠는가.

물론 이전 세대가 모두 이렇다는 건 아니다. '꼰대'의 반대말을 '꼰대였다'라고 생각하면서 스스로 더 배려하고, 먼저 사랑하고, 더욱 겸손하려는 다음과 같은 분들도 있으니까.

"70년대생입니다. 꼰대가 되지 않으려 노력해요. 제가 겪었던 것들 중에서 좋은 것만을 90년대생과 나누려 합니다. 그들의 재기발랄함과 날렵함이 저의 작은 경험과 합쳐지면 그만한 시너지가 어디 있을까 싶거든요. 제가 겪었던 사회생활 중에서 악습은 절대 후배들에게 물려주고 싶지 않습니다."

"80년대생입니다. 90년대생의 생각들… 제가 20대 때 회사생활 하면서 느꼈던 것과 별로 다르지 않더라고요. 일처리에는 다소 미숙했지만 비효율적인 게 극도로 싫었고, 휴식 역시 일만큼 중요했고, 상사와는 인간적으로 동등한 관계이고 싶었던 것들 말입니다."

90년대생과 가까워지고 싶다면 그들의 선택을 존중하겠다고 스스로에게 약속하자. '나는 맞고 너는 틀리다'는 배타적인 마인드보다는 '그럴 수도 있겠다'라는 공감과 포용의 태도가 90년대생과의 관계 개선에 중요한 요소다. 개인과 공동체를 철저하게 분리하는 모습에 대해서만큼은 절대적으로 그들의 생각을 따르는 게 맞다.

이와 관련된 사례가 있다. 작은 회사에 근무했던 한 여성의 이야기다. 사장, 이사, 팀장 그리고 팀원 등으로 구성된 단출한 소기업에서 근무했었다. 대학 때부터 원하던 직종이었기에 즐겁게 일했다고 한다. 하지만 2년을 못 채우고 그만뒀다. 얼마 되지 않지만 모았던 돈으로 스페인 산티아고를 다녀온 후 지금은 홍대에 있는 카페에서 아르바이트를 하고 있었다. 그의 퇴사 이유는 무엇이었을까. 산티아고를 가고 싶어서? 아니었다. 쓸데없는 팀장의 오지랖 때문이었다. 어느 날이었다.

김 팀장 이 대리, 페이스북 그거 꼭 해야 해?

이 대리 왜요? 남들도 다하는데 왜 그러시죠?

김 팀장 재미로 하는 건 알겠는데….

얼핏 보니 회사 얘기도 쓰는 거 같아서 말이야.

이 대리 저 회사 얘기 쓴 경우 없었는데요?

김 팀장 회식 후 힘들다고 하면서 숙취 해소 음료 마시는 사진 올렸던데

그런 건 안 올렸으면 좋겠는데.

이 대리 그게 무슨 회사 얘기죠?

이 대리의 의문에 김 팀장이 전개한 논리(?)는 이랬다. 당신이 올린 게시물을 '바이어Buyer'가 보면 어떻게 생각하겠느냐, 매번 술이나 마시는 사람으로 보이면 좋겠느냐, 그런 모습들이 모이고 모여 결국 회사에 피해를 주지 않겠느냐는 것이었다. 기가 막혔지만 이 대리는 참기로 했다. 하지만 같은 일들이 반복됐고, 김 팀장의 오지랖에 이 대리는 손을 들었다. 그리고 퇴사를 선택했다. 자신의 정체성을 인정받지 못하는 한 행복이란 더 이상 없다는 게 이 대리의 논리였다.

이 대리의 논리? 100% 공감되어야 한다. 김 팀장이 전적으로 반성할 일이다. '삼진아웃제Three out change'가 있다. 행정기관이나 관공서, 기업 등에서 일정한 원칙을 정해놓고, 이 원칙을 3회에 걸쳐 위반했을 경우 위반자에게 부과하는 일종의 벌칙으로, 야구에서 타자가 세 번 스트라이크를 당하면 아웃되는 '스트라이크 아웃(삼진)'에서 빌려온 용어다.

착각하지 말자. 두 번까지는 괜찮다고. 90년대생은 스트라이크 하나에도 관계의 끝을 생각한다. 세 개의 스트라이크가 들어올 때까지 기다려줄 것이라고 생각하는 건 지나친 여유다. 답답한 관계, 말이 안 통하는 관계, 억압과 강요만 가득한 관계에 대해 90년대생은 빠른 판단을 선택한다. 세상에 더 좋은 관계가 분명히 있을 것이란 생각을 갖고 새로운 곳을 찾아 나선다.

이런 90년대생을 두고 도대체 모르겠다고 투덜대기 전에 그들의 마음을 이해하려는 노력을 얼마나 했는지 가슴에 손을 얹고 생각해보자. 자신의 취향이나 주관을 고집스럽게 내세우며 양보하지 않는 그들의 모습을 부정적으로 보기 전에, 회사에서의 예절 등에 대한 기본적 에티켓이 없다고 비난하기 전에 디지털 기술 등 새로운 변화에 빠르게 적응하며 앞서가는 그들의 강점과 특징을 받아들이는 게 먼저다. 취업이 어려운 이 시기에 힘들게 회사에 들어와서 왜 쉽게(!) 사표를 던지고 '자기보상'이라며 세계일주 여행에 나서는 건지 살필 줄 알아야 한다.

참고로 90년대생은 자신들의 가치를 일만으로 평가하지 않는다. 그들에게 중요한 건 일과 삶의 적절한 균형이다. 자신의 기본적 욕구에 대한 충족을 포기하면서 노동에 몰입하기를 거부한다. 그런 90년대생에게 수십 년 전의 '산업 역군' 모델을 강요하는 것은 그들의 기본 욕구 자체를 흔들어 '패배자 의식'을 심어주고 고립시키는 일이라고 할 수 있다.

물론 그들도 안다. 회사 밖은 지옥이라는 것을. 하지만 그 지옥에서 '불안'하더라도 회사에서의 '불행'을 압도하지 않는다고 판단하는 순간, 90년대생은 직장인이라는 타이틀을 벗어 던진다.

팁 하나! 90년대생들과의 관계를 잘 맺는 방법 중 하나다. 90년대생 이 대리가 페이스북에 '출근 중인데 퇴근하고 싶다'라는 게시물을 올렸다고 해보자. 이때 어떻게 해야 할까.

둘 중 하나다. 첫째, 아예 못 본 척한다. 둘째, '아오, 오늘따라 일찍 퇴근하고 싶다!'라면서 자신의 페이스북에도 이 대리의 생각과 비슷한 뉘앙스로 게시물을 올린다.

이게 전부다. 출근하는 이 대리를 불러다가 "뭐가 그리 피곤해? 어제 내가 시킨 일 때문에 그런 거야? 게시물 내리면 안 돼?"라고 말하는 당신이 아니기를 기원한다.

#
90년대생과
통하는
대화법

2장

일단, 서로의 입장 차이를 이해하고 대화했으면 합니다

: 축적된 경험이 만든 생각의 차이를 알아야 대화가 통한다

팀장님 사실 저도 할 말 참 많은데요...

90년대생은 칼퇴하고 팀장만 야근 중입니다
'칼퇴'라는 말 자체가 잘못된 것 아닌가요

90년대생은 가볍다. 가볍다는 것을 '패기 없음'이나 '진중하지 못함'으로 해석하면 그들을 알지 못하는 것이다. 90년대생의 특징인 '가볍다'란 '기존의 관념에 얽매이지 않고 자유롭다'는 의미다. 그들을 보면서 "왜 이렇게 가벼워?"라며 타박하고 있는 자신을 발견했다면 90년대생과 화해할 준비조차 안 된 스스로부터 반성해야 한다.

그들과 화해할 줄 안다는 것은 무슨 말일까. 그들의 생각에 공감대를 맞춘다는 의미다. 왜 그들과의 공감대가 필요할까. 노동시장의 인구 구조가 급변하고 있기 때문이다. 스타트업 기업들은 거의 대부분의 직원이 90년대생으로 구성된 경우도 흔하다. 이뿐이랴. 실제로 소비자의 구매력도 그 중심이 90년대생 이후의 세대들로 이동 중이다. 참고로 삼성전자의 경우 자사 제품의 70%를 90년대생이 사용한다고 본다. 이렇게 90년대생의 비중이 커지는 속에서 여전히 수직적이고 꽉 막힌 커뮤니케이션 체계를 유지하는 기업이 과연 90년대생 구성원과 소통하고 생산성을 올릴 수 있을까? 또 한편으로는 역시 90년대생인 소비자에게 맞는 상품을 기획하고 판매할 수 있을까? 하지만 90년대생을 대하는 대화 환경은 여전히 갑갑하기만 하니 문제다.

다음 김 팀장의 말에서 잘못된 단어 하나를 골라보자.

김 팀장 벌써 6시가 됐네요.

이 대리 네.

김 팀장 그래요. 오늘 고생들 많았어요.

이 대리 팀장님도 수고하셨습니다.

김 팀장 칼퇴하실 분들은 책상 정리하고 얼른 가세요.

이 대리 …

잘못된 단어가 없다고 생각하는가. 아니면, 잘못된 단어가 아니라 좋은 단어 하나만 있다고 판단했는가. 그 단어가 '칼퇴'라고 생각하는가. 당신도 이제 언어적 감수성을 높여야 할 때다.

김 팀장은 잘못을 저질렀다. 90년생 이 대리는 김 팀장의 칼퇴라는 말에 기뻐하기는커녕 황당함을 느낀다. 왜 그럴까? 그들의 생각은 이렇다. '퇴근 시간이 되어 퇴근하는 것을 왜 팀장님은 칼퇴라고 하는 걸까?' 그들의 생각이 옳다. 주어진 시간에 일을 마치고 집으로 돌아가는 건 '칼퇴'가 아니다. 그럼 '정시 퇴근'일까. 이 역시 아니다. 정확한 용어는 '그냥 퇴근'이다. 그러니 김 팀장은 "퇴근하실 분들은 책상 정리하고 얼른 가세요" 정도로 말하면… 아니다. 써놓고 보니 이 역시 뭔가 찜찜하다. 자신이 할 일을 했으면 그냥 각자 알아서 사무실을 나서면 된다. 윗사람이 인기척을 내면서, 의자를 뒤로 빼고 일어나서는 '지금 퇴근하라!'고 말할 때까지 괜한 눈치나 보면서 남아 있어야 하는 근무 환경, 씁쓸할 뿐이다.

'피할 수 없으면 즐긴다'가 아니라 '피할 수 없으면 나간다'를 선택하는 사람들이 90년대생들이라고 한다. 대한민국 대졸 신입사원의 27%가 입사 첫해에 퇴사한다는 통계도 있다. 나는 그 이유를 연봉이나 복리후생보다 아직도 '칼퇴'라는 단어가 남아 있는 기업의 조직 문화 때문이라고 본다. 사실 이전 세대에겐 퇴근할 때 윗사람이 남아 있으면 "죄송합니다. 저 먼저 퇴근하겠습니다"라고 말하면서 머리를 긁적이고, 뭔가 미안하다는 표정을 지으면서 '회사에 더 남아 있어야 하는데…'라는 간절한 눈빛을 보내는 '퇴근 연기'(?)가 기억 속에 남아 있다.

이런 모습, 좋아 보이는가. 아니다. 2020년 지금, 여기 대한민국에서 이런 모습을 후배에게 표면적으로 원하다간 '직장 내 괴롭힘 금지법'에 걸리기 딱 좋다.

참고로 국내 유명 은행 중 한 곳은 아예 '직장 내 금기어' 리스트를 만들어서 조직 문화로 정착시키기 위해 노력 중이다. 그 리스트에도 어김없이 퇴근과 관련된 말인 "벌써 퇴근해?"가 포함되어 있다. "그래서 안 돼", "시키는 대로 해" 등과 어깨를 나란히 하면서. 퇴근과 관련된 문제는 오늘도 여전히 90년대생의 마음을 답답하게 한다. 직장생활 4년 차에 접어든 90년대생 직장인의 말은 이랬다.

"퇴근 시간이 임박해서야 회의를 소집하는 팀장님의 생각을 모르겠어요. 더 화나는 건 회의실에 모이면 저녁은 뭐 먹을 건지 잡담이나 하고…. 솔직히 팀장님, 그리고 팀 선임이신 차장님은 집에 가지 않을 궁리만 하는 것 같아요. 그분들 가정사야 제가 알 바는 아니지만…. 거기 붙잡혀 있는 나를 생각하면 짜증만 납니다."

퇴근뿐만이 아니다. 90년대생을 향한 이전 세대의 말 한마디, 한마디가 그들의 퇴사 욕구를 부채질한다. 어떻게 해서든지 공기업에 입사하려 하거나 공무원 시험에 목을 매는 그들의 사정이 이해가 될 정도다.

10여 명의 직원이 있는 무역회사에서 일하다 지금은 출판 업계에 근무하고 있는 90년대생은 무역회사에서 일하던 때의 경험을 악몽처럼 받아들인다. 무역회사의 사장이란 사람이 시도 때도 없이 하는 말이 특히 머리를 아프게 했는데, 사장은 늘 "삼성처럼 일하자!"가 입에 붙어 있었다고 한다. 사장 앞에서야 말을 못 하고 끙끙 앓았지만, 사장이 없는 곳에서 직원들끼리 모이면 "삼성처럼 주던가!"라며 키득댔단다.

　이래서야 무슨 소통이 되고, 무슨 업무 의욕이 생기겠는가. 물론 "다음부터 실수하지 마세요"라는 말에 "왜 부담을 주고 그러세요?"라며 반문하는 90년대생이 있는 것도 사실이다. 90년대생에게 복종을 강요할 수는 없지만, 그들 스스로도 윗세대에 대한 이해에 적극적으로 나서기를 바라는 마음은 있다. 하지만 90년대생에게 요구하는 노력과는 별개로, 이런 바람이 이전 세대의 막말에 면죄부를 주는 것도 아니다.

　대한민국의 많은 기업이 90년대생을 조직으로 포용하기 위해 유연한 근무 환경 조성, 자유로운 복장 규정, 개방형 사무 공간 등을 제시하며 다각도로 노력 중이다. 하지만 가장 중요한 대화 환경이 여전히 과거에 머물러 있는 것 같아 안타깝다. 새로운 인류인 90년대생이 어떻게 생각하는지는 상관하지 않고 구시대의 화법을 사용하는 조직 내의 소통 문화가 남아 있는 직장은 별로다.

기업이 생존을 위해 기술 개발, 새로운 시장 개척 등 성장 동력을 발굴하는 것은 물론 중요하다. 하지만 그런 노력 이상으로 시야를 기업 내부로 돌려 소통 문화를 재정비하여 내실을 다지는 것도 경쟁력을 높이는 데 큰 힘이 된다. 여러 세대가 함께 일하고 있는 직장 내에서 세대 간 협력적인 조직 문화를 조성하기 위해서라도 상호 공존하고 소통할 수 있는 영역을 하나씩 넓혀 가면 어떨까.

80 SAYS

가볍게 혼냈을 뿐인데 출근을 안 합니다

질책한다면서 질척대는 당신이 싫습니다

90 SAYS

"80년대생 팀장입니다. 90년대생 팀원이 한 명 있습니다. 솔직히 그 친구, 딱 주어진 일만 하는 느낌이 듭니다. 왜 그런가 생각해보면 가장 큰 이유는 그들 세대의 이기주의 때문인 것 같아요. 공동 업무를 하게 되면 자신의 일이 아니고 다른 사람의 업무를 해준다고 생각하는 듯합니다. 듣던 대로 피곤합니다."

"80년대생 차장인데요. 우리 부서에는 90년대생이 없지만, 옆의 부서 90년대생에 대한 얘기를 들어보니 소위 '젊은 꼰대'더군요. 어린 나이에 벌써부터 인맥을 이용해서 편 가르기나 하고. 자기보다 힘없는 사람한테 갑질하는 건 우리 세대보다 더한다고 하던데요.

그렇다고 예절 바르게 인사를 잘하는 것도 아니고…. 90년대생? 걔네들, 그냥 속된 말로 원래부터 '싸가지' 없는 것 아닌가요?"

90년대생과 관계를 맺으려는 사람은 우선 잘못된 선입견부터 버려야 한다. '이기주의가 심해요' 혹은 '원래부터 싸가지 없어요'라는 말이 나온다는 건 애초부터 90년대생을 싸잡아서 부정적으로 보고 있음을 증명한다. 90년대생에 대해 건강한 평가를 하려면 전제부터 건전해야 하는데, 실제로는 그리 유쾌하지 못한 것이다. '나와 다른 사람에 대한 존중'이 아닌, '나와 다른 사람에 대한 경계'로부터 관계를 시작한다면 그 선입견을 깨는 것만으로도 큰일이다.

선입견을 거두고 먼저 화해의 손을 내밀어야 한다. 함께 가야 할 동반자로서 90년대생을 인정하고 받아들이는 것이 우선이다. 90년대생에 대한 의심스런 시선을 거두고 단점보다는 장점을 찾아내어 격려할 줄 알아야 한다. 그들의 취향에 대해서도 적극적으로 지지 선언을 할 줄 알아야 한다.

하지만…

김 팀장 이 대리는 이번 주말에 뭐해요?

이 대리 저는 친구와 관악산에 가려고요.

김 팀장 등산? 요즘에도 그런 걸 하나요?

이 대리 네. 왜요?

김 팀장 등산도 좋지만 차분하게 앉아서 책을 읽는 건 어떨까 해서요.

이 대리 …

김 팀장은 90년대생 이 대리에게 물어봐도 되는 것을 물어봤고, 충고(?)해도 될 만한 것을 충고했다고 생각했을 것이다. 특별히 악의적 감정은 없었으리라 본다. '이 정도 충고도 하지 못하면 그게 어디 사람이 사는 세상인가?'라고 생각했을 텐데, 안타깝게도 김 팀장의 말은 잘못됐다. 정답을 추구하기보다 색다른 것, 재미있는 것을 의미 있게 바라보는 90년대생의 특징을 모르기 때문에 벌어진 일이다.

뭐가 문제일까? 두 가지만 지적해보자. 첫째, 사적인 것, 즉 주말 스케줄을 물어본 것 자체가 문제다. 왜 남의 사생활을 궁금해하는가. 어쩔 수 없이 자신의 주말 스케줄을 보고(?)하는 것, 90년대생에게는 즐거운 경험이 아니다. 둘째, 상대방의 취미에 대해 물어봤다면 '법과 도덕에 위배되지 않는 한' 무조건 존중해줘야 했다. 독서? 물론 좋은 취미다. 하지만 선택은 오로지 개인의 몫이다. 잘 알지도 못하면서 함부로 상대방의 취향에 대해 이러쿵저러쿵 말하는 건 관계를 멀어지게 하는 지름길이다. '취향 저격'은 아무나 하는 게 아니다. 알지 못하면 조용히 있는 게 맞다.

90년대생은 사생활이 침범을 당하면 민감하게 반응한다. 사생활의 핵심은 취미다. 그들은 '취미 부자'다. 이전 세대의 사람들이 '우리에게 돈이 없지 가오가 없냐?'를 부르짖을 때 90년대생은 '우리에게 돈이 없지 취미가 없냐?'를 외쳤다. 자신의 취향에 대해서만큼은 한 치의 물러섬도 없는 90년대생, 그들의 마음을 읽지 못하고 함부로 대화를 나누려 하지 않기를 바란다.

90년대생이 품고 있는 생각의 좌표가 어디에 머물고 있는지 정도는 늘 관심을 두고 지켜보는 게 맞다. 취미 등 일상의 대화뿐만 아니라 업무적 대화에 있어서도 말 한마디 한마디를 조심하도록 하자. 질책할 일이 생겼다고 무작정 질책하는 건 위험하다. 사실 다른 사람으로부터 싫은 소리를 듣는 것은 누구에게나 고통스러운 일이다. 누군가 내 단점을 지적하거나 실수를 비웃고 과거 잘못을 일일이 따진다고 상상해보라. 성인聖人이 아니고서야 울화가 치밀 것이다. 게다가 상대방은 자의식이 강한 90년대생이다. '가볍게 혼을 냈는데 그것을 자기 자신에 대한 미움으로 판단해버리고는 3일 동안 회사에 나오지 않았다'는 한 중간관리자의 하소연, 그냥 넘겨 들을 일이 아니다.

90년대생들이 느끼는 감정 중 가장 빈번한 것이 '귀찮다'라고 한다. 불안하고, 답답하며, 우울한 감정들에 앞서 그들을 지배하는 감정이 '귀찮다'라는 것은 타인과의 관계에 있어 '좋고 나쁨의 문제'

이전에 '맺을 것이냐, 말 것이냐의 문제'가 우선한다는 것을 뜻하는 것으로 해석할 줄 알아야 한다. 타인과의 느슨한 연결이 시대적 트렌드가 된 지금, 그 영향을 가장 많이 받고 성장한 90년대생들과 관계를 맺고자 한다면 나의 말과 행동이 그들에게 어떻게 보일 것인가에 대해 한 번 더 고민해볼 필요가 있다. 혹시 그들에게 '귀찮은 그 무엇'으로 보이고 있는 건 아닌지 말이다.

그렇다고 90년대생을 타인과의 접촉을 끊고 사는 '1인 체제' 속 인간들이라고만 단정하는 것도 옳지 않다. 그들과 인터뷰해보니 그들이야말로 조직에 몸담고 있는 동안은 제대로 인정을 받으려고 애썼다. 부모님이 조직에서 퇴출되는 것을 보면서 자란 세대이기 때문에 오히려 생존본능이 더 강한 것은 아닌지 추측해본다.

그래서일까. 90년대생은 자신의 실력을 높이고 역량을 갖추는 것에 관심이 많다. 이런 그들과 조직에서 함께 성장하고 싶다면? 거친 질책보다는 적절한 인정과 격려가 답이다. 칭찬과 응원으로 그들과 관계를 개선하고, 그들이 자신의 일에 충분한 역량을 발휘하도록 해야 한다. '상대를 존중할 줄 아는 사람만이 비판도 할 수 있다'라고 하지 않던가.

마찬가지다. 90년대생에게 무작정 질책을 하다간 '별것도 아닌 것으로 질척대는 꼰대'라고 낙인찍힐 수 있다. 나의 지적이 정말 업무적인 것이었는지, 사적이나 주관적인 판단은 아니었는지, 지적을 위한 지적이 아니었는지 생각해봐야 한다. 그리고 칭찬할 것이 있으면 칭찬하고, 지적할 것이 있으면 정당하게 지적하여 개선 방법까지 제시해줄 수 있어야 한다. 즉 잘못한 것에 대해서는 객관적으로 지적하고, 질책이 아닌 방안 제시와 위로, 응원이 있어야 90년대생을 제대로 성장시킬 수 있다.

80 SAYS

힘내라고 격려했는데 징계받았습니다
격려만 받습니다. 스킨십은 사양합니다

90 SAYS

"머리는 장식품이야?"

"그 나이 먹도록 뭐했어요?"

"일은 그따위로 하고 밥은 잘 먹네?"

"별것도 아닌 걸로 눈물을 보여서야…."

"원래 술은 여자가 따라야 맛있는 법이야."

"노래 잘하네? 사무실에선 몰랐는데…. 자, 여기 팁 받아둬."

"이런 식으로 일할 줄 알았으면 아예 뽑지를 말았어야 했는데."

이런 말들은 도대체 (한 영화의 대사처럼) 말인가, 막걸리인가.

"이제 서른이 된 90년생입니다. 어느 날 이사님이 주말에 출근하라고 하더군요. 마침 아이가 다니는 교회에서 주일학교 행사가 있어서 가봐야 했거든요. '조금 늦게 출근할 거 같다'고 양해를 구했더니 '당신만 애 있어요? 매주 나가는 교회, 이번 한 주만 안 나가도 되잖아요? 윗사람 말을 이렇게 안 듣는 사람이 무슨 하느님을 믿는다고…'라며 화를 내더라고요."

"93년생 여성 직장인입니다. 솔직히 제 주변에는 '남혐'인 여성들이 많아요. 왜 그런지 아세요? 일하는 곳마다 '남자＋상사＋꼰대'가 있다 보니 그런 것 같아요. 저도 그래요. 요즘은 상사가 숨 쉬는 소리도 듣기 싫어 죽겠어요. 그렇다고 어렵게 들어온 회사를 함부로 그만둘 수도 없고…. 어떻게 해야 할까요?"

듣고 있기가 민망하다. 젊은 여성 직장인들 중에 특히 '남혐'이 많다는 것, 어떻게 생각하는가. 지나치게 예민한 것 아니냐고? 아니다. 그들의 불편함은 인정되어야 마땅하다. 물론 모든 남자, 모든 상사가 그렇다는 건 절대 아니다. 하지만 몇 안 되는 극소수(라고 생각하고 싶다!) 인간들 때문에 모든 '남자 & 상사'들을 '싸잡아서' 남혐으로 몰아가는 현실은 안타깝다.

우선 다음의 대화를 보고 '문제가 되는 단어'를 하나 골라보자. 참고로 김 팀장은 82년생 남자, 이 대리는 92년생 여자다.

김 팀장 고민되는 게 있다고요?

이 대리 팀장님께서 저보고 사업부서하고 커뮤니케이션하라고 하셨잖아요. 그게 부담이 돼서요.

김 팀장 그게 무슨 고민할 거리라고….

이 대리 네?

김 팀장 이 대리가 책임지라는 게 아니에요. 얼굴마담이나 하라는 거죠.

이 대리 …

문제가 되는 단어, 찾았는가? 정답은 '얼굴마담'이다. 90년대생에게 얼굴마담이라는 용어는 성차별적, 성희롱적인 표현이다. 물론 얼굴마담에는 '어떤 분야나 집단에서 무엇을 대표할 만큼 전형적이거나 특징적인 사람'이라는 긍정적인 뜻도 있다. 하지만 다른 한편으로는 '술집이나 다방 등에서 그곳을 대표하는 마담'이라는 부정적인 의미도 있다. 대화에 있어 해석은 누구의 몫인가. 듣는 사람의 몫이다. 듣는 사람이 얼굴마담이라는 단어를 받아들일 수 있는 자세가 되어 있다면 별 문제가 없을 수도 있다. 그러나 듣는 사람이 조금이라도 불쾌감을 느낀다면 그건 말하는 사람에게 100% 잘못이 있다. 특히 중년 남성의 여성에 대한 성희롱적 발언의 문제가 대한민국에 여전하다는 게 세상의 평가다.

피해자인 여성들의 말을 들어보자.

"92년생입니다. 제가 솔직히 좀 뚱뚱한 편입니다. 그렇잖아도 스트레스인데 언젠가 이사님이 '인간적으로 관리 좀 하자, 응? 그래서야 어디 남자친구가 붙어 있겠느냐'라고 하더군요. 어이가 없었고요. 지금 다시 생각해도 기분이 너무 나쁩니다."

"업무상 미팅을 위해 한 남성분을 만났어요. 사실 그분, 업무적으로 젠틀하고 깔끔해서 호감을 갖고 있었거든요. 그런데 편한 자리에서 이야기를 나눠보고 실망했습니다. 제가 아는 한 여자 과장님을 언급하며 '정말 예쁘지 않아요? 나이도 있으신 거 같은데 몸매가…'를 반복해서 말하는데 확 짜증이 나더라고요."

쓸데없는 말로 왜 상대방에게 불쾌감을 주는 걸까. 왜 이런 말로 스스로 가치를 낮추려는 걸까. 말뿐만이 아니다. 행동도 마찬가지다. '터치'도 마찬가지다. 격려하려면 미소를 지으며 편하고 따뜻한 응원의 말만 하면 된다. 괜히 팔뚝, 어깨, 심지어는 허벅지까지 슬쩍 건드리면서 '느끼한 스킨십'을 격려라고 하는 건 착각의 범주를 넘어 범죄다. 과거의 어느 순간까지는 그냥 꾹 참고 넘어간 말이나 행동, 이제는 다르다. 조심해야 한다. 이런 것들은 양해나 인내의 대상이 아니라 회피와 처벌의 대상이 되었다. 게다가 상대방이 90년대생이라면 이런 수준 낮은 언어와 행동을 '옛날엔 그랬나 보다'라면서 봐주지 않는다. '한방에 훅' 가고 싶다면 '격려의 스킨십'을 계속

해보라. 회사의 인사부서에 불려가 '지저분하고 더러운 성추행'으로 징계를 받고 조직에서 퇴출될 날이 오게 될 테니까.

성희롱을 넘어 성폭력에 가까운 말과 행동이 사무실을 채우고 있는 회사에선 직장생활을 제대로 해낼 수 없다. 그냥 참아내야 하는 말들로 넘겨버리라는 조언, 그게 무슨 조언인가, 폭력이지. 사실 더 기가 막힌 건 여기서부터다. 도대체 예절이라고는 찾아볼 수 없는 조직 문화에 환멸을 느껴 퇴사하는 젊은 친구들의 뒤통수에 대고 하는 말은 또 어떤가. "그 친구가 우리랑 안 맞는 거지 뭐. 나가면 자기만 후회하겠지"라거나 "그 정도 갖고 그래서야 어디 직장생활을 제대로 하겠어?"라는 뒷담화를 일삼는 사람들이 우글우글한 회사에 과연 열정과 패기를 지닌 90년대생이 적응할 수 있을까. 아니, 적응해야 하는 걸까. '퇴사가 문제다'라고 말들이 많다. 하지만 이런 거친 환경이라면 오히려 '퇴사가 최선'이 아닐까.

다행히 90년대생들은 거칠고 어두운 조직에서 어제도, 오늘도, 그리고 내일도 잘 이겨내는 중이다. 실력과 역량으로 승부하며 성적 차별이나 성적 희롱의 언어, 상대방의 취향을 우습게 여기는 말에 대해 강력하게 저항할 용기를 보일 줄 아는 그들이 아름답다. "그 정도도 웃어넘기지 못해서 어떻게 직장상사에게 잘 보이겠어?"라는 수준 이하의 충고에 "직상상사의 말에 깜빡 죽는 게 잘 보이는 건가요? 그렇게 해서까지 잘 보이고 싶지는 않습니다"라고 말할 줄 아는 그들, 멋지다. 이전 세대가 불유쾌한 희롱이나 억압적 지시 등을 세뇌받으며 나이를 먹었다면, 90년대생은 할 말을 하며 과거의 악습을 깨쳐 나가고 있다. 자랑스럽다. 이런 90년대생과 진정으로 소통을 원하는 사람이라면 90년대생의 입장에서 봤을 때 자신의 입에서 나오는 표현들이 건전하고 건강한 것인지 고민하는 건 기본 예의일 것이다.

열심히 충고하는데 수긍을 안 합니다
'수긍하는 척'하는 것도 괴롭습니다

중국 현지 마케팅전문가들은 90년대생에 대한 빅데이터의 활용 여부가 기업의 성공을 좌우한다고 이야기한다. 90년대생이 시장의 주요 소비자로 급부상했기 때문이다. 중국 화장품 시장의 경우 이미 90년대생이 뷰티 시장의 주요 소비층인데, 그 수가 2억 5,000만 명 이상에 달한다고 하니 관심을 갖지 않을 수 없을 것이다. 한국 시장도 마찬가지다. 거리에서 지갑을 여는 상당수는 90년대생들이다. 단순히 조직에서 함께할 구성원을 바라보기 위해서가 아닌 최종소비자인 고객으로서 그들의 특성을 공부해야 할 이유다.

90년대생의 주요한 특징 중 하나를 확인해보자. 그들은 주관이 뚜렷하다. 아무리 높은 자리에 있는 사람의 충고도 배울 게 없을 땐 고개를 끄덕이지도 않으며, 기존의 경직된 권위에 반발할 줄 아는 모험심과 도전정신이 있다. 합리적인 조직 문화는 없고, 권위적인 상사와 꼰대들이 가득한 곳에서 그들은 무작정 인내하기보다는 좀 더 나은 방향으로 개선하기 위해 자신을 표현할 줄 안다.

90년대생을 '버릇없고 이해할 수 없는 요즘 애들'이라며 우습게 여기는 조직 문화로 가득한 기업의 미래는 암담하다. 그들과 협업의 파트너로서 관계를 맺고 싶다면, 그들을 절대 놓쳐서는 안 되는 구매자로 생각한다면, 우선 조직 내 대화의 흐름부터 조심해야 한다. 예를 들어 90년대생을 지칭하는 용어부터 조심하자. 그들을 '요즘 애들', '요즘 것들'이라고 절대 말하지 마라. 대신 '요즘 님들'이라고 부르는 것부터 시작하자. '망치를 들면 모든 것이 못으로 보인다'고 하지 않던가. 90년대생을 '애'나 '것', 심지어 '놈'이라고 부르면서 그들이 '님'처럼 행동하기를 바라는 건 아이러니다. 주는 만큼 받는다. 그러니 철저하게 '님'으로 대우하는 게 맞다. 그런데 과연 90년대생과 대화하는 이전 세대는 정말로 90년대생을 '님'으로 대하고 있을까? 여전히 '놈'으로 생각하고 있는 건 아닐까?

김 팀장 영업사원은 숫자가 인격인 거 몰라요?

이 대리 네, 알고 있습니다.

김 팀장 실적이 이게 뭐예요? 사람 취급받고 싶지 않다는 것 아닌가요?

이 대리 죄송합니다.

김 팀장 죄송하다면 답니까.

성과가 안 나오면 주말이라도 회사에 나와야지…. 잠이 와요?

이 대리 …

김 팀장 내가 이 대리 나이 때는 하지 말라고 해도 야근을 했어요.

출근도 선배들보다 한 시간씩 일찍 했고….

이 대리 …

실적에서 시작해 야근, 그리고 주말 특근에 출근 시간 트집까지…. 김 팀장의 언어들, 유치하고 지루하다. 90년대생은 말한다.

"우리 팀장님이요? 저를 괴롭히는 쾌감으로 사는 사람 같아요."

무작정 권위의식만 가득해서는 '나를 닮아라!'고 말하는 김 팀장의 말, 지금 당장 반성해야 한다. '먼저 살아봤다!', '먼저 겪어봤다!'라고 하면서 목소리를 키우는 이전 세대의 표현법은 유치하다. '그때가 옳았고 지금은 틀리다'는 권위의식으로 90년대생과 소통하려는 건 무모하다. 그런 방식으로 그들을 대했다가는 '너나 잘하세요'라는 말이나 듣지 않으면 다행이다.

90년대생은 이유 없는 권위에 절대 주눅 들지 않는다. 언젠가 90년대생을 대상으로 한 면접에서 면접관 역할을 했던 80년대생 중간관리자의 말을 들었는데 흥미로웠다. 면접이 끝난 후에 '회사에 대해 알고 싶은 것이 있느냐'라고 물었는데, "입사해서 면접관님이 계신 부서에 가게 되면 제가 면접관님으로부터 무엇을 배울 수 있습니까?"라는 도발적인 질문을 받았다는 것이다. 버릇없어 보이는가. 글쎄, 나에게는 '사이다' 같은 느낌이 든다. 그들의 패기가 시원하다. '질문할 줄 몰랐던 세대'가 문제지, '거침없는 질문을 하는 것에 익숙한 세대'가 이상한 게 아니다. 질문 하나 제대로 못했던 이전 세대는 90년대생의 모습을 보면서 오히려 배워야 한다.

사실 과거에는 순응적인 방식의 커뮤니케이션이 일반적이었다. 이전 세대들도 사회생활을 하면서 '이건 이게 불만', '저건 저게 불만'이었지만 말을 하지 않았다. 아니, 못했다. 조직 전체, 아니 사회 전체를 억누르는 억압의 틀 속에서 어쩔 수 없이 순응했던 것이다. 그저 따르는 것만이 대세인 줄 알고 침묵으로 일관했다. 그래서일까. 이전 세대 중에는 MBA까지 우수한 성적으로 졸업했지만 부하직원과의 소통과 협업에는 실패했던 사례가 많다. 실제로는 지식과 능력으로 관리자급이 된 사람이지만, 부하직원들과의 소통이나 교감, 또는 인간적인 교류까지도 반드시 잘할 것이란 기대가 오히려 더 큰 실망감을 안겨주는 경우도 쉽게 찾아볼 수 있다.

상사들의 평가는 대부분 하향식 평가에 의한 결과이며, 상향식 평가는 반영되지 않으니 윗사람이 '죽어라!'고 하면 '죽는 시늉'을 하는 사람들이 성공했던 것이다. 그렇게 성공한 것을 대단한 경험인 양 착각하고, 그것을 그대로 아랫사람들에게 적용하려고 하다가 소통이 어긋나게 되는 것이다.

좋다. 이전까지의 잘못은 덮어두자. 하지만 이제부터는 변해야 한다. 시대의 주역인 90년대생과 대화를 원한다면, 90년대생을 상대로 상품과 서비스를 제안하려면 그들과 어떻게 소통할지에 대해서부터 고민해야 한다. '열심히 충고하고 있는데 고맙다는 표정은 커녕 딴 짓만 하고 있어요'라고 불평하기 전에 '저의 지식과 경험을 잘 전달하지 못하고 있는 것 같습니다. 좀 더 노력해야겠다고 생각했습니다'라는 반성이 먼저여야 한다. 사회생활을 시작한 90년대생에게 배울 것 하나 없는 선배를 보면서 마치 연극배우처럼 존경의 눈빛을 보내는 '메소드 연기'를 하라고 하는 건 좀 아니지 않은가.

급하게 통화를 부탁했는데 톡만 보냅니다
톡은 즉시 소통하는 효율적인 대화법입니다

30여 명 규모의 마케팅 회사에 재직 중인 팀장의 얘기를 그대로 옮겨 적는다.

―

피가 말랐다. 아침 회의시간에 '내일 긴급하게 미팅해야 할 사람이 있으니 컨택Contact을 해보라'는 지시를 내렸다. 지시를 받은 팀원은 92년생 대리였다. 그런데 오후가 지나도록 도통 답이 없었다. 연락해봤냐고 물어도 "회의 끝나자마자 컨택했는데 아직 답이 없습니다"란 대답뿐이다. 퇴근 전까지 이사님에게 보고해야 하는데…. 퇴근 무렵이 되었다. 다급해졌다. 재차 물어봤다.

김 팀장 이 대리, 어떻게 되었나요?

이 대리 메일을 드렸는데… 아직 답장이 없으세요.

김 팀장 뭐라고요? 메일?

이 대리 네, 팀장님.

김 팀장 급한 일이라고 휴대폰 번호까지 알려줬잖아요?

이 대리 저, 그게….

자초지종을 들어봤다. 세상에, 이 대리는 낯선 사람과 전화통화 하는 게 힘들다는 거였다. 서로의 숨소리까지 들으면서 감정 상태 를 고스란히 나눠야 하는 전화통화가 매우 힘들다고 말했다. 너무 기가 막혀서 말이 나오지 않을 정도였다. 전화통화를 하는 게 힘들 어서 메일 하나 달랑 보내놓고 기다리는 90년대생, 도대체 앞으로 어떻게 함께 일을 해나갈 수 있을까.

───

그의 얘기를 들으며 언젠가 버스에서 봤던 광경이 떠올랐다. 옆 자리에 앉은 고등학생이 전화를 받았다. 받자마자 그 친구가 하는 말이 흥미로웠다. "왜 전화를 하냐? 불편하다. 톡 해!" 그래 놓고는 전화를 끊는 게 아닌가. 그렇다. 90년대 이후 세대들은 메일이나 톡, 문자메시지 등을 이용한 대화를 선호한다. 전화통화나 대면 미팅, 많은 사람 앞에서 하는 프레젠테이션을 부담스러워한다.

그들의 모습, 어색한가. 받아들일 수 있겠는가.

2019년에 1990년생은 서른 살이 되었다. 아직 90년생은 사회 초
년생에 속한다. 여성이라면 조직에서 입사 3~5년 차일 것이고, 남
성이라면 신입사원이나 1~2년 차의 사원일 것이다. 기업은 분명히
협업이 필요한 공간이다. 그러기에 더욱더 이들과 소통할 수 있는
방법을 고민해야 한다. 자기만 생각하는 '미 제너레이션Me Generation'
세대인 그들이 '위 제너레이션We Generation' 세대가 될 수 있도록 대
한민국 기업들은 준비해야 한다. 그렇다면 무엇을 준비해야 할 것
인가.

첫 번째는 90년대생과의 의사소통 도구에 대한 선택이다. 90년
대생은 청소년기부터 정보기술IT의 발전을 경험했다. 그들은 일상
의 대화를 톡이나 메신저로 해온 세대다. 직장에 들어와서도 그들
은 커뮤니케이션 도구로 편한 것, 익숙한 것을 선호한다. 업무 관계
로 낯선 누군가에게 연락을 취하게 됐을 때 상대방의 핸드폰 번호
를 알고 있더라도 먼저 톡이나 메일을 이용한다. 하지만 그들을 '대
면을 꺼리는 소극적인 세대'라면서 색안경을 끼고 보는 건 협소한
마인드다. '톡 등 편리한 소통 도구로 커뮤니케이션하는 세대'라고
보면 된다. 이전 세대는 면대면面對面, 혹은 음성을 사용한 대화법에
익숙하다. 반면 90년대생은 새로운 소통의 도구를 통해 대화하는
것에 익숙하다.

참고로 90년대생은 톡으로 사랑을 고백하는 것에 익숙하다. 기성세대 중에서는 이를 말도 안 된다고 생각하는 사람도 있을 것이다. 하지만 요즘의 젊은이들은 다르다. '대학내일20대연구소'가 전국 만 15~34세 미혼남녀 500명을 설문한 결과에 따르면 15~18세 응답자 중 무려 30.8%가 메신저를 통해 연애를 시작했다고 한다. 요즘 젊은 세대는 한 달 동안 사용한 음성통화 시간이 30분을 넘지 않는다고 하는데, 이것을 나쁘게 봐야 할까. 아니다. 그들은 '용건만 간단히' 텍스트로 소통하는 것을 합리적이라고 생각하는 것이다.

사람을 만나는 것도 그러하다. 90년대생은 지인을 통해 사람을 소개받고 굳이 얼굴을 보며 시작하는 연애는 지나친 감정소모라고 느낀다고 한다. 매칭 앱이나 SNS 등을 통해 충분히 정보를 얻은 후 마음에 드는 사람을 만나는 것을 합리적이라고 생각하는 것이다. 이런 모습들, 잘못된 걸까. 아니다. 효율적으로 볼 수 있다. 이름과 전화번호만 알고 갑자기 만나는 것보다 SNS를 서치Search하면서 사전정보를 얻은 후 만나는 것을 편안하게 생각하는 것이다. 낭만이 없다고? 서로에 대해 아무런 정보도 없이 '깜깜이'로 만나는 것이 낭만은 아니다. 만나서 실망한다면? 괜히 시간낭비를 했다고 생각할 수 있다. 이런 걸 보면 소통의 도구에 있어서도 세대 차가 '본격화'되고 있는 것 같다. '소통의 도구가 무엇인가'가 '무슨 말을 할 것인가'보다 더 중요한 시대가 다가오고 있는 것이다.

90년대생과 좋은 관계를 맺으려 한다면 먼저 그들과 커뮤니케이션 도구에 대해 사전협의를 하는 것이 좋다. 소통의 도구를 선택하는 건 일방적으로 윗사람이 정해서는 안 된다. 서로 간의 명시적 혹은 묵시적 동의가 있은 후 정하는 것이 좋다. 이제 소통은 커뮤니케이션하는 내용 그 자체보다 각자 개인의 표현 방법을 얼마나 편하게 인정해주느냐에 따라 성패成敗가 결정된다는 것을 절대 잊지 말아야 한다.

중견기업에 신입사원으로 입사해 지금은 3년 차인 한 90년대생의 짜증을 들으며 소통의 도구에 대해 한번 생각해보자.

"매주 금요일마다 팀 회의를 합니다. 그런데 매번 부장님이 개인별 스피치를 시킵니다. 이게 회사인가요, 아니면 전국노래자랑 지역예선인가요. 왜 한 명씩 말하라고 하는 건지, 그것도 꼭 일어서서 말하게 하는 건지 모르겠어요."

물론 부서장은 나름대로 이유가 있을 것이다. 그 의도를 잘못된 것이라고 말할 수는 없다. 하지만 소통의 도구를 자기 마음대로 정했다는 점에서 불통의 원인을 제공했다는 혐의를 벗기 어렵다. 현명한 부서장이라면 한 명씩 일으켜 세워서 스피치를 강요하는 '짓'은 하지 않았을 테다. 비슷한 사례는 얼마든지 있다. 있었던 약속마저 깨고 억지로 참석한 회식 자리, 그 자체가 스트레스인데 왜 참석한 사람마다 건배사를 시키는가. 마음에도 없는 덕담이나 결의를 다지는 '위하여!'와 같은 건배사가 얼마나 스트레스를 주는지 모르는 것인가. 그뿐이랴. 재미없다고 몇 번이고 건배사를 다시 하라고 시키는 윗사람의 말들은 얼마나 폭력적인가.

90년대생이 사용하는 소통의 도구들에는 '효율'이라는 가치가 내포되어 있다. 90년대생들이 면대면 소통보다는 톡이나 메일을 선호하는 이유는 자신의 생각을 잘 정리하여 제대로 전달할 수 있는 합리적인 방법이라고 생각하기 때문이다. 면대면이나 전화로 소통하는 과정에서 일어날 수 있는 예측할 수 없는 상황을 제거하고, 효율적으로 일을 진행할 수 있다고 생각하는 것이다.

90년대생은 주어진 시간에 자신이 할 일을 최대한 빨리, 효율적으로 끝내고 자기만의 시간을 갖고 싶어 한다. 시간을 들였으면 그에 대한 성과를 얻어야 직성이 풀리는 사람들이 90년대생이다. '시간 가치의 회수'에 관심이 큰 것이다. 90년대생들과 활발하게 소통하기를 원한다면 그들이 의사를 표현하는 소통의 도구에는 어떤 것이 있는지, 그리고 어떤 도구를 사용할 것인지를 합의하는 것, 그것이 진정한 소통의 시작이다.

'기본'을 강조했는데 '꼰대'가 되었습니다
당신의 기본과 나의 기본은 다릅니다

'사무실 청소 사건'

90년대생 이 대리는 이렇게 말했다. 몇 년 전이라고 한다. 이 대리는 직급상 가장 말단이었다. 자기 위에 팀장, 차장, 과장이 있었다. 이 대리는 깔끔한 성격의 소유자다. 지저분한 꼴을 그냥 보고만 있지 못했다. 아침마다 출근해서는 꼭 자기 책상 밑의 휴지통을 비우는 것으로 하루를 시작했다. 그리고 겸사겸사 팀장의 휴지통도 함께 비웠다고 했다. 그러던 어느 날이었다. 팀장 다음 직급인 차장이 이 대리를 불렀다.

김 차장 이 대리, 오늘도 팀장님 휴지통 비워드렸네요?

이 대리 네. 그런데 왜 그러시죠?

김 차장 왜라니요? 제 휴지통도 비워줘야죠.

이 대리 네? 제가 왜 차장님 휴지통까지….

김 차장 여기에서 이 대리가 직급이 제일 낮잖아요.

이 대리 …

    이후 이 대리는 과연 김 차장의 휴지통을 비워줬을까. 천만의 말씀이다. 여전히 자기 휴지통을 비울 때 팀장의 휴지통만 비웠다고 한다. 그런 그에게 누군가가 "그냥 차장님 것도 치워주지…. 괜한 갈등을 일으키면 피곤하잖아요?"라고 물어봤단다. 그때 이 대리는 "제가 왜 불편해 해야 하죠? 휴지통 비워달라는 차장님이 이상한 건데요? 그건 제 일이 아니잖아요"라고 대답했다. 이어진 질문, "그럼 팀장님 휴지통은 왜 비워주는 건데요?"에도 그는 미소를 지으면서 "그냥 하는 김에 해드린 건데요? 왜요? 뭐, 문제 있나요?"라고 답했단다.

    사실 김 차장의 마음도 이해된다. 그가 신입사원이었던 시절에는 선배의 전화도 당겨서 받아야 했고, 선배의 휴지통도 치워야 했고, 선배의 책상도 정리해야 했다. 하지만 90년대생 이 대리는 그런 것들을 모른다. 아니, 알고 싶지도 않다. 그렇다면 팀장의 휴지통을 비워준 이유는 무엇일까? 그건 자신의 필요에 의해 그랬을 뿐이다.

자신의 성과와 직결되는 사람이기에 잘 보이고 싶었을 뿐이다. 자신의 성장을 위해 선택한 방법일 뿐이다. 만약 김 차장이 이 대리가 자신의 휴지통도 비워주기를 바란다면 "내 휴지통 비워주면 점심 살게요"라고 말하면 어떨까? 관계는 결국 '기브앤테이크'니까.

90년대생은 하찮은 일은 하기를 꺼려 한다는 혐의를 받는다. 아니다. 그들은 일의 의미를 알고 싶을 뿐이다. 왜 신입사원이라고 해서 생수통을 갈아야 하는가? 왜 막내라고 해서 다른 사람의 휴지통을 비워줘야 하는가? 그게 어떤 의미가 있는지 이해시켜주면 된다. 그럼 그들도 한다. 팀장의 휴지통을 비운 이유가 자신의 성장에 직결되는 사람이기 때문이라는 것을 판단할 정도로 90년대생은 영리하다. 조직에서 누가 자신에게 도움이 되는지 아닌지를 이전 세대보다 더 직감적으로 판단해내는 것이다. 자신의 성장과 평가(?)에 관계되는 사람에게는 충성도 아끼지 않는다. 반대로 무작정 선배라고, 무작정 나이가 많다고 존중받겠다고 생각하는 이전 세대에게는 무관심하다.

90년대생을 움직이고 싶다면 그들이 '왜?'를 물어볼 때 그에 대한 답을 줄 수 있어야 한다. "왜요?"라면서 합리적인 이유를 묻는 게 잘못은 아니다. 90년대생에게 가치 있는 직무를 제대로 주지 못하면서 "막내니까 네가 해야 한다. 그게 기본이다"라고 말하는 것은

"왜요라니? 왜요는 일본 담요고!"라면서 헛웃음만 나는 재미없는 유머를 하는 것과 같다.

90년대생은 자신이 인내했을 때 돌아오는 '베네피트Benefit'의 무게를 판단하고 나서야 비로소 인내 여부를 결정한다. 과거의 구습을 강요하는 건 그들에겐 받아들여지지 않는다. 이런 90년대생을 두고 '버릇없다!'고 말하는 사람도 있다. 나는 그렇게 생각하지 않는다. 만약 그들이 이전 세대의 누군가에게 버릇없이 행동했다면 잘해봤자 얻을 게 없다고 생각했기 때문일 수 있다. '꼰대인줄 모르는 게 꼰대들의 가장 문제다'라는 말이 있다. 꼰대는 어떤 사람인가. 자신의 경험을 일반화해서 자신보다 지위가 낮거나 나이가 어린 사람에게 일방적으로 강요하는 사람을 말한다. 이 사례에서 '당신의 직급이 낮으니까 당연히 내 쓰레기통을 치워야 한다'라고 말한 김 차장은 스스로 '꼰대 인증'을 한 셈이다. 이 대리에게 '피로회복 협력자'가 되기는커녕 '피로증진 물질'이 된 것이다.

이스라엘을 강한 나라로 만들 수 있게 한 정신 중 '후츠파Chutzpah'가 있다. 히브리어로 '뻔뻔함, 대담함'을 뜻하는 말로 실패를 두려워하지 않는 이스라엘의 창업 정신을 말한다. 모든 조직의 이슈에 대해 진정으로 열린 마음으로 받아들이려는 이전 세대라면 이제 90년대생들의 '후츠파'에 당황하지 않겠다고 다짐해야 한다. 그들의 격렬한 솔직함을 감당할 수 있어야 하며, 그만큼 그들에게 거짓됨을 강요해서도 안 된다. 과거에는 일이 바쁘지 않아도 바쁜 것처럼 해야 한다는 것 등이 직장생활의 매뉴얼처럼 전파된 적도 있었다. 동료들과 함께 담배를 피우고 자리로 돌아올 때도 일부러 바쁜 척 '헉헉' 댄다든지, 후배와 커피 한잔 마시고 사무실로 복귀할 때는 고객으로부터 온 전화를 받는 시늉을 하는 것 등이다. 이런 악습에 저항할 줄 아는 90년대생을 응원해주고 싶지 않은가.

회사와의 관계를 '주종관계主從關係'라고 생각하는 90년대생은 거의 없다. 회사와 자신을 동등한 계약관계로 보는 동시에 자신의 지식과 기술, 경험 등에 걸맞은 보상을 당연하게 여긴다. 또 그 이상으로 성장을 중요하게 생각한다. 자신의 성장을 위해 회사가 관심을 갖고 배려할 때 만족감을 느낀다. 괜한 시늉이나 무엇인가를 하는 척하면서 시간을 보내는 건 그들의 생리에 맞지 않다. 그들은 자신이 할 일을 다 했다면 한가한 표정을 보일 줄 아는 세대다. 그 모습을 보고 "어, 한가하네? 바쁜 거 없지?"라면서 다가서는 선배는 '꼰대' 취급받기 딱 좋다. 이제 '90년대생이 생각하는 기본'이 무엇인지 알기 위해 공부해야 한다. 그 이후에야 비로소 소통이 가능하다. 과거 세대의 기준으로는 그들과 눈높이를 맞출 수 없음을 깨닫는게 우선이다.

도우려고 해도 거부할까 봐 두렵습니다

간섭보다 먼저 차근차근 설명해주십시오

80년대생의 얘기를 해보려 한다. 지금 직장에서 가장 피곤한 사람들은 80년대생이다. 그들은 낀 세대다. 기업에서 중간관리자 혹은 선임 사원으로 근무하면서 위로, 그리고 아래로 전혀 다른 세대와 소통해야 한다.

'70년대생의 고집스러움', '90년대생의 알 수 없음'은 모두 80년대생에겐 속된 말로 '넘사벽'이다. 하지만 특히 90년대생과 일할 때가 어렵다. 선배인 70년대생이야 '그냥 그런가 보다'라고 (지금까지 그래왔듯이) 생각하면 된다. 하지만 90년대생은 직접적으로 일과 연관되어 있기 때문에 협력의 강도가 셀 수밖에 없다. 그런데 90년대생은 호락호락하지 않다.

80년대생은 90년대생이 자신을 선배로서, 아니 동료로서 더 나은 직장을 위해 함께 성장할 수 있는 파트너라고 여겨주길 원한다. 하지만 현실 속 조직에서의 대화는 삐딱하다. "젊어서 고생은 사서도 하는 거야"라는 80년대생 선배의 말에 "네, 죄송한데 안 사요"라고 대꾸하는 90년대생 후배가 있다는 우스갯소리가 이런 모습을 대신 보여준다. 사실 90년대생은 세상에 대해 다소 부정적으로 바라보는 시각이 있다. 2019년 12월 인구보건복지협회는 20대 청년 1,000명을 대상으로 온라인 설문조사를 했는데 '노력은 배신하지 않는다'에 조사 대상자의 74%가 '아니다'라고 응답한 것만 봐도 알 수 있다.

이런 90년대생과 함께 협업을 해야만 하는 80년대생은 답답하다. 80년대생이란 어떤 사람들인가. 산업사회와 정보사회, 그리고 4차 산업혁명의 경계 그 어디쯤에 위태롭게 서 있는 세대다. 그들은 '노력은 배신하지 않는다', '불가능은 없다'라는 말을 들으며 일상을 마주했다. '나는 무조건 해낸다'는 '과잉 긍정'을 통해 자신의 삶을 설계해왔다. 그들에게 90년대생은 새롭게 나타난 장벽과 같다. 위아래로 치이고 볶이느라 힘들겠지만 '그럼에도 불구하고' 80년대생들이 노력했으면 좋겠다. 최근에는 90년대생을 '불편한 그 무엇'으로만 바라보는 것이 아니라 긍정적인 세대라고 생각하는 80년대생이 많아진 건 그나마 다행이다.

"86년생입니다. 윗세대와 아랫세대에 끼여 답답합니다. 70년대생들에게는 '90년대생들이란 이런 거다'라고 대변하고, 90년대생에게는 윗분들의 이야기를 완화해서 설명해주려고 합니다. 그 과정에서 솔직히 저도 처음에는 90년대생에 맞추느라 힘들었어요. 그런데 요즘엔 당당하고 직선적이며 부당함에 대항할 줄 아는 90년대생들의 당당함이 보기 좋습니다. 제가 못한 걸 대신 해주는 그런 느낌? 가끔은 90년대생이 윗분들에게 하는 말들을 들으며 시원하다는 생각을 할 정도입니다."

다행이다. 이렇게 90년대생을 이해하려는 80년대생의 노력은 대화에서 시작되었다는 걸 참고할 필요가 있다. 다만 무작정 대화를 한다고 모두 성공하는 건 아니다. 말 한마디 잘못해서 관계의 단절을 가져오는 경우도 흔하니 말이다. 예를 들어보자. 90년대생 이 대리가 관련 부서와의 협조에 어려움을 겪고 있는 것을 80년대생 김 팀장이 알게 되었다고 해보자. 이 대리를 돕겠다는 마음으로 김 팀장은 자기 나름대로 이런저런 인맥을 동원해서 조용히 해결한다. 이 대리로부터 '고맙다'는 말을 기대하면서.

그런데…

김 팀장 이 대리에게 요즘 문제가 됐던 것들 다 해결됐어요.

이 대리 네? 아직 제가 처리를 못했습니다만….

김 팀장 (손을 저으며) 하하하. 이 대리. 내가 그래도 팀장이잖아요.

이 대리 네?

김 팀장 그쪽 부서 박 대리에게 얘기해서 조용히 끝내자고 했어요.

대신 앞으로는 제대로 하세요.

이 대리 …

    과연 이 대리가 김 팀장에게 고마워했을까. 정반대다. 무작정의 도움? 그건 이 대리의 마음에 상처를 준다. 이 대리를 무시한 것이다. 이 대리에게도 힘이 있다. 그 힘이란 '힘들 때 누군가에게 도와 달라고 부탁할 수 있는 힘'이다. 그런 힘을 무시하는 건 이 대리의 자존감을 무너뜨리는 행위다. 90년대생은 그들을 향해 비켜나 있으라는 손짓에 모멸감을 느낀다. 한 아이가 있다고 해보자. 그 아이가 장난감을 갖고 놀다가 어지럽혀진 상태를 그냥 방치해두었다. 그때 부모가 해야 할 일은 아무 말 없이 장난감을 대신 정리해주는 것일까. 아니다. 부모가 해야 할 것은 첫째, 아이가 스스로 장난감을 정리하도록 기다리거나 둘째, 그럼에도 행동하지 않는다면 함께 장난감을 정리하자고 '제안'하는 것이다.

    다시 90년대생의 마음으로 돌아와 보자. 90년대생은 주인공이 되고자 한다. '이 세상의 주인공은 나야 나'를 외친다. 소극적인 추종자로 머무는 것은 그들이 원하는 바가 아니다. 그들은 세상을 바꾸는 일에 재미를 느낀다.

그래서일까. 요즘 잘 나가는 아이돌 그룹에는 강력한 팬덤이 존재한다. 그들은 네이버 실시간 검색을 바꿔내고 음원 순위를 변화시킨다. "'덕질'로 실검을 바꾸고, '팬덤'으로 세상을 바꾼다"는 걸 아무렇지도 않게 생각하는 것이 90년대생이다. 그런 90년대생, 즉 이 대리에게 '대신 해줬으니 고마워해라'고 한다면 그건 그를 무시하는 것과 같다. 김 팀장은 이 대리가 문제를 해결할 때까지 기한을 정해 기다리거나, 문제를 함께 해결하자고 제안했어야 한다. 문제를 스스로 해결할 수 있는지 확인한 후 가능해 보인다면 협력해서 함께 문제를 해결하자고 '제안'하는 편이 올바른 판단이었던 것이다.

간편 송금서비스를 개발하여 회사를 '유니콘(기업 가치 10억 달러 이상인 비상장 스타트업)' 반열에 올려놓은 회사가 있다. '비바 리퍼블리카'라는 곳이다. 그곳의 대표인 이승건 씨는 "우리가 왜 이 일을 해야 하는지, 이 일이 왜 중요한지 충분히 공감시키고, 그래서 충분히 동기부여가 될 때 일은 저절로 된다"라고 강조했다. 회사의 정보를 아낌없이 공개하며 어려운 것은 어렵다고 말하고, 가능한 것은 가능하다고 말할 수 있는 대화의 창구를 열어 조직 문화의 소통을 일궈내고 있다고 말했다.

이를 통해 90년대생과 대화할 때 필요한 것이 '설명'임을 하나 더 깨닫는다. 설명하는 사람은 일을 잘하는 사람이다. 누군가의 '왜'를 해소할 줄 아는 사람이다. 설명하지 못하면 아는 게 아니다. 설명할 줄 모르고 90년대생의 일까지 무작정 '내가 알아서 다 했어!'라고 하는 것은 상대방의 정체성에 대한 무시다. 적절하게 가이드를 주면서 후배들이 스스로 움직일 수 있게 하는 것이 중요하다. 일을 맡겼다면 상대방을 끝까지 존중하려는 태도가 중요하다. 그건 '왜'에 대한 '설명'으로 표현되어야 한다. 설명이라는 키워드를 이해할 때 요리연구가이자 사업가인 백종원 씨의 말이 도움이 될 수 있다. 그는 "이건 가르치는 게 아니라 노하우를 공유하는 것입니다"라고 말했다. 90년대생에게 다가가서 설명하고자 할 때 가져야 할 80년대생의 태도다. 가르치려는 생각을 버리고 함께 고민을 나누자는 태도, 90년대생을 대하는 이전 세대에게 필요한 마인드다.

90년대생들은 '구구절절'이 아닌 '핵심만 간단히' 설명할 줄 아는 사람을 애타게 기다리고 있다. 90년대생들은 조직에서 성장하는 방법으로서의 '왜'를 말해주고, 그 '왜'에 대한 '어떻게'를 설명해줄 수 있는 선배를 원한다. 가르치려 들지 말 것, 그리고 노하우를 공유할 것. 이 두 가지를 '기다림'과 '제안'이라는 키워드로 마음속에 간직한 후에야 비로소 90년대생과 대화할 준비가 되어 있다고 할 수 있다.

바로 반박하니까 말 꺼내기가 어렵습니다
제가 '네'만 하는 앵무새로 보이시나요

한 중견기업이 있다. 설립 후 지속적인 성장세를 보이며 중견기업으로 성장했으나, 최근 수년간 매출이 소폭 감소하면서 성장 정체를 겪고 있었다. 이 회사의 CEO에겐 고민이 있다. 성장 정체를 극복하기 위한 매출 확대가 아니었다. 새로운 시대에 맞는 조직 문화의 개선이었다. CEO는 성장 정체의 주요 원인을 경쟁 심화 등 외부 요인보다는 조직 관리와 같은 내부 요인이 더 크다고 판단했다. 젊은 구성원들의 퇴사가 빈번했던 것이다.

이유는 무엇이었을까. 월급? 비전? 아니었다. 경직된 조직 문화와 권위주의적 리더십에 대한 혐오가 이유였다. 결국 해답은 소통의 부재를 어떻게 극복하느냐의 문제로 귀결되었다. 회사의 성장이 눈에 보이고, 자기 발전도 기대할 만하지만 지금 당장 통하지 않는 대화가 90년대생을 퇴사로 이끄는 것을 어떻게 해결하느냐가 중요한 과제였던 것이다.

기성세대보다 더 힘들게 취업에 성공한 90년대생이지만 그들에게 한 회사에 뼈를 묻는다는 것은 고리타분한 옛말이다. 그들은 언제든 떠날 준비가 되어 있다. 또한, 조직 문화에 대한 관심이 크다. 말이 안 통하는 조직이라고 생각하면 과감히 사표를 내고 새로운 삶으로의 전환을 모색한다. 젊은 직원의 퇴사가 빈번하다? 그런 기업에 지속 가능한 미래가 있을까. 이제 90년대생을 무작정 이해할 수 없는 세대라고 단정 지으며 그들을 쫓아내는 일은 그만두어야 한다. 그들을 알아내고, 또 그들의 바람에 대한 이해심이 필요하다. 그들을 이해한다는 건, 관리할 줄 안다는 건, 결국 기업이 승부해야 할 시장을 안다는 것과 마찬가지다. 숫자로 나타나는 가성비만 따지는 것이 아니라, 즉흥적이며 감각적인 가치를 중요하게 여기는 90년대생이 누구인지를 알지 못하고 사업을 한다는 건 거짓말이다.

특히 그들과의 소통이 핵심이다. 기업들도 이를 알고 있다. 최대의 관심사로 떠오를 정도다. 젊은 구성원들의 열정을 성과로 연결하기 위해 다양한 노력들을 아끼지 않는다. 반바지를 허용하고, 커피머신이 있는 사내 카페를 만들며, 사무공간을 쾌적하게 만든다.

하지만 결국 핵심은 사람들의 커뮤니케이션에 달렸다. 조직 문화의 개선을 통한 생산성 향상의 핵심은 소통의 흐름을 어떻게 만들어내느냐에 달린 것이다. 윗사람의 말 한마디에 파워포인트 프로그램부터 주섬주섬 열어야 하고, 결재를 올린 후 하염없이 윗사람의 재가를 기다리며, 영문도 모른 채 보고서 버전 업데이트하느라 시간을 보내는 조직에서 90년대생은 의욕을 잃는다.

실행 과정의 정교함보다 보고의 형식과 태도를 문제 삼는 윗사람을 둔 젊은 친구들이 조직을 떠나는 건 당연하다. 하지만 윗사람의 요구에 반박 한마디 못하는 대화의 흐름은 대한민국의 기업에서 여전하다고들 말한다.

김 팀장 이사님이 우리 팀원들 잠깐 보자고 하네요.

한 명의 열외도 없이 모두 회의실로 오세요.

이 대리 팀장님, 저는 지금 고객에게 급히 보내야 할 메일이 있습니다.

김 팀장 그렇게 급하면 어제 남아서라도 할 것이지….

이 대리 어제는 우리 팀 회식 아니었습니까?

김 팀장 뭐라고요? 회식 일정을 팀장인 내가 잘못 잡았다는 말이에요?

이 대리 그건 아니지만….

김 팀장 사사건건 불만만 많아서…. 이래서야 함께 일할 수가 있나….

이 대리 …

김 팀장은 이 대리를 '프로 불편러'라고 생각한다. '쓸데없는 트집 잡기에 혈안이 된 사람'을 뜻한다. 매사에 무작정 불평을 하는 사람이라는 말이다. 하지만 과연 누구에게 문제가 있는 것일까. 자신의 의견을 낸 이 대리가 문제인가, 아니면 자신의 말을 부정하는 누군가에 대해 '욱' 하는 성격을 참지 못하는 김 팀장이 문제인가. 나는 90년대생을 변호해주고 싶다. 그들의 의사 표시를 반갑게 받아들이지 못하는 선배는 자격이 없다고 생각한다.

90년대생은 말할 줄 아는 세대다. 자유의지에 따라 자신의 말을 할 줄 안다는 것은 사회적, 문화적으로도 바람직하다. 잘못된 것에 저항할 줄 아는 건 칭찬받아야 할 장점이지 억눌러야 할 단점이 아니다. 누군가는 90년대생과 같은 젊은 세대를 '화이트 불편러'라고 불렀다. 이는 '부조리를 참지 못하고 정의롭게 자신의 주장을 펼쳐 공감 여론을 형성하는 사람'을 말하는 것으로 '대학내일20대연구소'에서 처음 만든 용어다. 즉 90년대생은 개인의 불편이 아닌 모두의 불편을 잘 표현하는 세대라는 것이다. 학창시절에 '세월호' 사건을 겪었던 이들에게 공정과 정의는 중요한 가치다. 그들은 이미 '촛불'이라는 하나의 상징으로 세상의 부당함에 대한 저항을 증명한 바 있다.

세상을 바꾼 경험이 있는 90년대생들이다. 그들과 대화하고 싶다면 '팀장이 말하면 팀원은 따라야 한다'는 구시대적 발상은 당장

버려야 한다. 90년대생은 앵무새가 아니다. 앵무새를 원하면 앵무새를 사다가 길러볼 일이지 90년대생인 그들을 앵무새로 만들려고 애쓰지 말아야 한다. 90년대생과 진정으로 소통을 원한다면 자신을 내려놓아야 한다. 대화의 상대방이 불법과 부당을 보면 청와대에 청원을 넣는 것도 거침이 없었고, 블라인드 등 익명 고발에도 적극적이었고, 공감이 가는 활동이라면 자신의 이익을 잠시 내려놓고 참여했던 90년대생이기에 더욱 그러하다.

아마 90년대생 이 대리는 오늘도 팀장을 보면서 '제가 앵무새로 보이십니까? 녹음기 틀어놓은 것처럼 네, 네, 네만 해야 될까요?'라고 고민하고 있을 것이다. 당신이 80년대생 김 팀장이라면 90년대생 이 대리의 생각에 어떻게 화답해줄 것인가. 소통이냐, 불통이냐는 결국 당신의 선택에 달려 있다.

사사건건 따지니 대화가 힘듭니다
합리적인 업무 스타일을 인정해주십시오

이전 세대는 대체로 '조직이 원하는 나'가 되는 것을 우선적 가치로 설정하여 직장생활을 했다. 90년대생은 다르다. 그들은 '내가 원하는 일터'를 만드는 것에 관심이 많다. '남이 시키는 대로의 나'가 아닌 '내가 하려는 대로의 나'야말로 90년대생이 자신의 자존감을 지키는 기준이다.

그들은 기존의 가치를 따르는 보수주의자라기보다는 새로운 가치를 창출하고 싶은 진보주의자다. 소위 '좋은 일자리'가 부족해지고, 기업에서는 계약직 채용이 빈번해지고, 정규직으로의 전환도 어려워지면서 여전히 공무원 등 안정적인 직장에 대한 선호도가 높은 것이 사실이다. 하지만 2000년생 이후의 희망 직업이 유튜버 등

크리에이터로 변화하고 있다는 점이 그 예가 될 수 있을 것이다. 기존의 가치 질서에서 점차 벗어나려는 모습이 그들에게서 보인다.

그래서일까. 90년대생은 일상에서도 '왜 내가 남에게 맞춰야 하지?'라는 생각이 강하다. 얼핏 생각하면 건방지게 느껴질 수도 있다. 하지만 나는 90년대생의 그런 생각들이 건강하다고 믿는다. 이런 의문 속에는 기존 질서에 대한 답답함, 그리고 안타까움이 들어 있다고 생각한다.

불합리한 것에 대한 항의는 칭찬받아 마땅한 일이다. 일의 혁신은 '왜 일을 저렇게 하지?'라는 의문에서 시작되기 때문이다. 이런 상황에서 '먹고살기 위해 어쩔 수 없이 일하는 환경'을 무작정 참으라고 강요하는 건 결국 더 이상 그들과 소통하지 않겠다는 뜻과 같다. 90년대생을 설득하기 위해서는 '이것을 왜 하는지 모르겠다'라는 그들의 의문에 합리적인 대답을 해줄 수 있어야 한다.

이전 세대와 90년대생이 서로를 파트너로 인정하고 함께 공동의 목표를 이루기 위해서는 소위 '호흡'이 맞아야 한다. 특히 직장에서의 일이라면 더욱 그러하다. 회사에서의 일이라는 게 대부분 스스로 만드는 것보다는 '뜬금없이 위로부터 내려오는' 경우가 많기 때문이다. 갈등이 생길 수밖에 없는 순간이 빈번하다. 이때 서로 다른 세대 간의 호흡은 '편한 호흡'이어야 한다.

하지만 일의 프로세스에 대한 생각들이 다르니 충돌이 일어나고, 결국 '거친 호흡'만 가득해진다. 특히 90년대생이 머리에 떠올리는 일의 프로세스와 이전 세대가 생각하는 프로세스가 다를 때 문제가 커진다.

> **김 팀장** 고객점검표를 만들라고 한 것이 뭐 그리 잘못입니까?
>
> **이 대리** 지금 당장 그게 왜 필요한지 모르겠습니다.
>
> **김 팀장** 지금 당장은 필요하진 않지만 언젠가 필요하지 않을까요?
>
> **이 대리** 언제라뇨?
>
> **김 팀장** 예를 들어 이사님께서 고객에 대해 확인한다고 했을 때 빠르게 보고할 수 있도록 말이죠.
>
> **이 대리** 현업에 바쁜 우리들이 언제일지도 모를 보고를 위해 지금 페이퍼 작업을 해야 하는 건가요?

아쉽게도 마지막 두 문장과 같은 대화는 현실에서는 거의 찾아보기 힘들다. 현실의 대화는 대부분 이렇다.

> **김 팀장** 예를 들어 이사님께서 고객에 대해 확인한다고 했을 때 빠르게 보고할 수 있도록 말이죠.
>
> **이 대리** …

그렇다. 이런 상황에서 90년대생은 말을 하지 않는다. 그들의 말이 없어질 때, 마지못해 고개를 끄덕인다는 것을 알아챘을 때, 그때가 바로 조심해야 할 때다. 그들은 합리적이고 실용적이다. 그들의 업무 스타일을 무시하면서 일의 방향에 대해 억압적 소통을 표현하는 순간, 결국 남는 건 어쩔 수 없이 하는 수동적인 일처리밖에 없다. 그들의 입을 닫게 만드는 것이다. 과연 그런 일처리에서, 그런 대화 환경 속에서 제대로 된 성과가 나올까. 불가능할 것이다.

　어디 그뿐이랴. 옳은 방향을 찾으려는 노력보다 자신의 의견이 얼마나 잘 먹히느냐에만 관심을 둔다면 남는 건 세대 간 갈등의 심화뿐일 것이다. 건강한 조직이 되기 위해서, 더 나은 성과를 내기 위해서, 이전 세대인 김 팀장은 90년대생인 이 대리의 의견을 화두로 삼고 격렬하게 대화할 수 있어야 한다. 그렇게 되기가 어렵다면 90년대생의 마음속 이야기를 끌어내긴 더 어렵다.

　90년대생과의 건강한 소통은 '모든 길에 정답은 없다'고 생각하는 그들의 마인드를 이해하는 것에서 시작해야 한다. '마이웨이'에 대한 자존감이 뚜렷하고, 집단생활에 특화된 선배들의 사고방식에는 반발하며, 굳이 '인싸'가 되지 않고 '아싸'에 머물러 있더라도 특별히 잘못된 것이 아니라고 생각하는 90년대생의 '잘살기 방식'을 이해하지 못하는 한 그들과의 소통은 불가능하다.

이런 그들에게 여전히 무작정 받아들이라고 윽박지르는 이전 세대의 말투? 꼬박꼬박 말대꾸한다고 타이르는 말투? 글쎄, 과연 먼저 도태될 사람들은 누구일까. 곰곰이 생각해볼 일이다.

문제를 지적하면 인상부터 씁니다
제발 일에 감정을 섞지 말아주세요

기쁜 나쁜 말(혹은 말투)에는 두 가지 유형이 있다.

하나, '이래라 저래라' 하는 말투
둘, 무작정 '지적指摘'하는 말투

먼저 우리 스스로에게 질문해보자. '이래라 저래라'는 말을 듣고
싶은가, '지적'을 받는 입장이 되고 싶은가. 이런 말들이 모이고 모
여 '꼰대질'이 된다. '지적指摘을 아낄수록 지적知的인 사람이 된다'는
말이 있다. 이를 반대로 풀이하면 '지적知的으로 부족한 사람일수록
지적指摘을 거침없이 한다'가 아닐까.

당신은 지적知的인 사람이 되고 싶은가, 지적指摘하느라 상대방의 기분을 우울하게 만드는 사람이 되고 싶은가. '이래라 저래라' 하는 말투나 업무 외적인 것에 대한 무례한 지적의 말투가 만연한 조직은 소통이 어렵다. "우리끼리 그 정도 말도 못 해?"라면서 항변하는 사람도 있을 수 있다. '모두 상대방 잘되라고 하는 말이다'라면서 말이다. '할 만해서 하는 지적'이 왜 문제가 되는 것인지 어리둥절해할 사람도 분명히 있다. 험한 말을 한 것도 아닌데 지적 한번 했다고 뭐가 문제냐는 항변도 어쩌면 이유가 있을 수 있다.

하지만 과연 이전 세대의 이런 마인드가 90년대생과 대화할 때 통할 수 있을까. 부장이 자신에게 보고서를 구겨 던지면서 "이런 건 집에서 걸레로 써라, 이 새끼야! 고등학교 졸업한 19살짜리 애가 대학 나온 너보다 더 잘하겠다"라는 막말을 들으며 조직생활을 한 사람들이 지금 조직에서 임원이나 중간관리자에 다수 포진하고 있다는 사실은 인정한다. 하지만 그렇다고 해서 악담에 불과한 거친 말들을 후배, 그리고 아래 세대에게 그대로 전파할 권리는 없다. 그건 사라져야 할 악습일 뿐, 전승해야 할 아름다운 풍속이 아니다.

세상이 변했다는 것을, 말과 행동 하나에도 기업의 흥망성쇠가 좌우될 정도로 민감해졌다는 것을 알아야 한다. 이런 세상에서는 스스로의 감정조절, 언어조절이 먼저다. 과거 자신이 겪었다고 그것을 후배들에게도 인정하라고 강요하는 그런 인간이 되지는 말자.

괴물이 될 필요가 있겠는가.

"쇼핑몰에서 근무합니다. 엊그제 밤에는 물량이 폭주해서 결국 물류센터에서 퇴근했어요. 새벽 1시에요. 다음 날 출근하니 이사님이 부르시더군요. '회사생활 재밌지?' 그냥 듣고만 있었는데 눈물이 나더라고요. 버스, 지하철도 끊겨서 택시비 3만 원이 나왔는데 그거에 대해선 '월급에 그런 것도 원래 들어가 있는 거야'라고만 하면서 외면하더군요. 경력을 쌓기 위해 버티곤 있지만 언제까지 다녀야 하는지 모르겠습니다."

"생리휴가를 사용했습니다. 그다음 날 일이 밀려서 조금 바빴습니다. 그런데 부장님이 오시더니 이렇게 말씀하더군요. '어제 생리휴가 사용했는데 왜 힘들어 보이는 거야? 그냥 앞으론 쉬지 않는 게 낫지 않을까?' 대리님도 과장님도 모두 좋은데 부장님, 아니 부장놈 그 인간의 말이 듣기 싫어서라도 올해까지만 다니려고요."

"대학 동아리 송년회가 있어서 6시 '땡' 치자마자 퇴근한 적이 있습니다. 다음 날 점심 먹는 자리에서 선배가 한마디 하더군요. '야, 칼퇴가 왜 칼퇴인 줄 아냐? 칼로 철퇴를 맞아야 해서 칼퇴야.' 먹던 김치가 귀로 들어가는지 코로 들어가는지 모를 정도로 화가 났습니다. 그냥 참아야 하나요? 뭐라고 시원하게 쏘아 붙일 말 없을까요?"

과거에 별별 일을 다 겪었던 이전 세대의 트라우마, 100% 인정하련다. 하지만 그건 그거고 이건 이거다. 왜 자신의 트라우마를 90년대생에게 그대로 넘겨주려 하는가. 90년대생에 대해, 그것도 일에 대해서가 아닌 사람 그 자체에 대해 불편이나 창피를 주는 직설적인 비판을 하는 순간, 소통은 단절된다. 그게 아무리 함께 성장하고 발전하자는 의미였다고 할지라도 마찬가지다.

90년대생에 대한 지도를 그만두자는 건 절대 아니다. 그건 선배로서의 책임을 회피하는 일이니 말이다. 다만 함께 성장하는 파트너로서 조언 하나를 할 때도 '예쁘게' 해보자는 것이다. 내용이 좋다고 해서 거친 형식이 용서받을 수 있다고 생각해서는 안 된다는 것을 기억에 담아두어야 한다.

그렇다면 미숙한 업무 처리를 한 후배에게 어떻게 조언하고 충고해줄 것인가. 다음의 사례를 보면서 생각해보자.

김 팀장 어떻게 할 겁니까?

이 대리 죄송합니다, 팀장님.

김 팀장 죄송해서 해결되는 게 아니잖아요.

이 대리 …

김 팀장 시말서부터 쓰세요.

이럴 줄 알았으면 이 대리에게 일을 맡기지 말았어야 했는데….

이 대리 네?

김 팀장의 말에서 문제점을 찾아보자.

1) _____

2) _____

자, 이제 김 팀장의 말에 대한 문제점을 함께 생각해보자. 김 팀장의 말에는 두 가지 문제가 있다.

첫 번째는 '누군가가 한 일'이 아닌 '누군가'에 대한 지적을 한 것이다. "이럴 줄 알았으면 이 대리에게 일을 맡기지 말았어야 했는데…"라는 말은 옳지 않다. 지적을 개인화해서는 안 된다. '이 대리의 일'이 아닌 '이 대리 그 자체'를 우습게 여기는 듯한 이 말은 90년대생에게 일어설 힘을 주지 않는다. 김 팀장이 더 이상 이 대리와 일을 하고 싶지 않다면 이런 식으로 말해도 좋다. 하지만 이 대리를 성장시켜서 부서의 핵심 인재로 만들고 싶다면 절대 해서는 안 될 말이다(물론 그 이전에 '괴롭힘 방지법'에 의해서 김 팀장 먼저 징계위원회에 회부될 수도 있겠지만).

두 번째는 '시말서'에 관한 것이다. 업무상 과실 등으로 회사에 손해를 입히거나 규정을 어긴 행위를 흔히 '시말서 감'이라고 한다. 시말서는 써야 하는 사람에겐 여간 곤혹스러운 게 아니다. 그 이유는 다음 두 가지다.

첫째, 시말서는 대체로 징계라고 판단한다. 사실 시말서는 징계의 범주에 포함되지 않는다. 하지만 자신의 잘못을 굳이 글로 남기는 일에 마음 편한 사람은 별로 없다.

둘째, 시말서를 쓰면서 느끼게 되는 자존감의 훼손이다. 많은 리더가 부하직원들에게 시말서를 마치 반성문처럼 쓰게 하는 경우도 있다. 심지어는 작은 일임에도 큰일인 것처럼 부풀려서 쓰라고까지 말한다. 시말서는 말 그대로 업무의 시작과 끝의 과정을 적는 것이다. 그 이상도 그 이하도 아니어야 한다.

이런 두 가지 문제점 이외에 정작 중요한 문제점이 있으니 '굳이 시말서까지 요구하는 윗사람에 대한 거부감'이다. '말로 하면 될 것을 경위서까지 쓰게 만들 필요가 있는 걸까?'라는 생각에 서운함이 가득해진다. '반성의 기미가 안 보인다'라며 다시 쓰라고 반려하는 일이 계속된다면? 돌이킬 수 없는 단절된 관계만이 남게 될 것이다. 실제로 시말서를 쓰게 하지 않더라도 괜히 시말서를 입에 올리면서 대단한 것을 양해해준다는 것 같은 뉘앙스의 말도 90년대생에겐 불편하다.

김 팀장 예전 같으면 시말서 감인 거 알죠?

이 대리 네.

김 팀장 회사 그만두기 싫으면 조심해야 해요.

이 대리 네.

김 팀장 나도 지금 감정을 꾹 참고 최대한 '젠틀'하게 말하고 있다는 것을 기억해두세요.

이 대리 …

90년대생이 잘못을 했다고 해보자. 선배로서 해야 할 일은 혼내는 게 전부가 아니다. 그보다 더 중요한 건 무엇을 잘못했는지 정확히 가르쳐주는 일이다. 이 대리가 스스로 실수를 인정하면서 개선의 계기로 만드는 것이 목적이 되어야 한다. 그뿐이다. 책임지는 방법은 가르쳐주지 않고 그저 혼내기에만 몰두해서 좋지 못한 감정싸움으로 확산된다면, 90년대생에게는 이전 세대의 갑질이라고 비춰질 수 있다.

참고로 일본에는 '파와하라'는 말이 있다. 한국의 '갑질'과 비슷한 뜻으로 힘의 남용, 즉 '파워 허레스먼트_{Power harassment}('힘+괴롭힘')'의 일본식 발음이다. 우리나 일본이나 힘을 앞세운 언어가 얼마나 문제가 되는지를 확인할 수 있는 용어이다.

'무례한 막말'을 '적절한 비판'으로 착각하지 말아야 한다. '정확하고 도움이 되는 지적'과 '불필요하고 공격적이기만 한 지적질'은 엄연히 다르다. 그러므로 90년대생의 잘못을 말하고자 할 때는 잘못한 그 일에 대해서만 말해야 한다. 군이 감정을 건드려 자존심을 상하게 하는 지적질은 금해야 한다.

감정조절에 실패한 막말을 조심해야 함은 말할 필요조차 없다. 참고로 막말로 인해 무시를 당한 경우 그 사람의 업무 성과가 30% 이상 떨어졌다는 연구결과도 있다. 함께 일해야 할 파트너의 업무 성과를 100%에서 70%로 낮추고 싶지 않다면, 말 한마디에도 조심해야 한다.

정리해보자. 이제 90년대생의 약점보다는 강점과 마주하길 바란다. 상대가 보여준 약점을 탐닉하는 지적은 유치하다. 아주 큰 잘못 하나를 잡아낸 것 마냥 후배를 닦달하는 선배는 유치하기 이를 데 없다. 세상에 강점이 하나도 없는 사람은 없다. 악착같이 후배의 강점을 찾아내서 언급하려는 노력을 해보자. 그것이야말로 후배에게 선배로서 진짜 실력자임을 증명하는 것이다.

좋은 곳에서 회식하는데 핸드폰만 봅니다
제 돈 내고 떡볶이 먹는 게 훨씬 좋습니다

술자리든 식사 자리든 사람을 앞에 두고 핸드폰만 들여다보는 사람은 별로다. 하지만 요즘엔 생각이 조금 바뀌었다. 내 앞의 사람이 자신의 핸드폰만 들여다보고 있다면 그건 내가 그만큼 상대방에게 흥미 있는 존재가 아니라는 증거라는 생각이 들었기 때문이다.

"너는 나에게 별로 중요한 사람이 아니야."
"나에겐 너 말고 더 중요한 사람이 있다고!"
"나는 너 말고도 얘기할 사람이 많아."
"나에겐 여기 말고 다른 약속이 차고 넘치는 사람이야."

나의 경험을 돌이켜본다. 오래 전의 일이지만 과거에는 억지로 끌려간 엉뚱한 시간과 공간이 많았다. 일이 다 끝난 퇴근 시간 이후에 담배연기 자욱한 어두컴컴한 호프집에 붙잡혀 있었던 기억들은 지금 생각하면 헛웃음이 나온다. 그때 주변 사람들은 모두 '다 참고 사는 거지… 다른 사람들도 다 그렇게 살고 있는 거 아니겠어?'라고 받아들였다. 나 역시 그때는 어쩔 수 없이 참아내야 했다.

하지만 과연 이런 인내를 90년대생에게 강요해도 되는 걸까. 예를 들어보자. 임원이 참석한 회식 자리다. 옆자리에서 핸드폰을 힐끗힐끗 보는 90년대생 이 대리에게 김 팀장이 눈치를 준다.

김 팀장 어이, 이 대리. 지금 이사님도 계신데 핸드폰 좀 자제하지.

이 대리 급한 일이 있어서요. 죄송합니다.

김 팀장 이사님이 이 대리를 보면 뭐라고 하겠어요.

이 대리 네, 금방 끝내겠습니다.

김 팀장 간만에 이사님께서 비싼 저녁식사를 사주시는데 '고맙습니다'라는 얘기도 하지 않았으면서 말이야.

이 대리 …

나는 이제 김 팀장의 말에 무작정 동의하지 않는다. 지루하고 재미없는 그 자리에서 벗어나고 싶은 것인지, 정말로 급하게 업무를 처리하는지 알 수 없는 상황이다. 어떤 상황인지 알아보지도 않고 이렇게 면박을 당한 이 대리에게 연민이 갈 정도다. 또한 이사가 있는 그 자리에서 잘못된 태도를 지적한다는 것은 이 대리를 난감하게 만들 수 있다.

간만에 사준다는 이사의 비싼 저녁식사도 그렇다. 김 팀장은 알아야 한다. 지금 이 자리의 음식보다 혼자 먹는 라면이 몇 배는 더 맛있다는 것을. 그리고 하나 더 알아야 한다. 타인의 시선과 의견을 의식하는 상황을 어려워하는 90년대생의 마음을. 그들은 자신의 가치관과 취향에 스스로 의미를 두면서 표출하고 싶고, 또 그만큼 인정받기를 원한다. '함밥(함께 밥먹기)'보다는 '혼밥(혼자 밥먹기)'에 익숙하다. 자발적으로 스스로 선택한 혼자됨에 대해 '그건 잘못이다. 우리는 밥 먹을 때도 함께해야 한다', '함께할 때는 혼자만의 영역을 포기하라'는 강요는 폭력적이다.

사례에서 김 팀장은 회식 자리에서 핸드폰을 보던 이 대리를 나무랐다. 그런데 알고 있는가, 군대에서도 일과 후에는 핸드폰을 개인적으로 사용할 수 있다는 것을.

군대에서도 일과 시간 이외에는 핸드폰을 사용할 수 있는데 왜 일과 후 회식 자리에서 핸드폰을 사용해서는 안 되는가. 회식도 업무의 연장이기 때문에? 그렇다면 초과근무 수당을 주어야 한다.

병사 휴대전화 사용 안내문

(국방부)

Q. 언제 사용할 수 있나요?

병사들은 평일 일과 이후 시간(18:00~22:00) 또는 휴무일(07:00~22:00)
에만 개인 휴대전화를 사용할 수 있습니다.

임무수행이나 본분에 지장이 없도록 작전, 교육훈련, 기본 일과 중, 취침
시간 등에는 개인 휴대전화를 사용할 수 없습니다.

결론은 그들의 일상을 흔들지 말라는 것이다. 모든 것을 잊고 가
볍게 즐길 수 있는 자리를 만들겠다면서 '형식적인 인간관계의 끝
판왕'인 '부서 회식'이라는 수단 자체를 이용하려는 어리석음을 버
려라. 90년대생들은 업무 시간에 자신의 역량을 다하고, 퇴근 후에
는 일터와의 연결고리를 끊고 리프레시에 힘쓰려 한다는 것을 잊지
말자.

군이 하나 더 얘기해보자면 혹시 회식을 하게 되더라도 90년대
생의 음식 취향 정도는 파악해두자. 그들은 음식을 먹는 것 하나도
자신의 인격이라고 생각하는 사람들이다. 자신의 지갑을 열 때 이
들은 삼겹살에 찍어먹는 소금 하나도 몇 년간 간수를 뺀 천일염이

어야 하고, 곱창 하나를 먹어도 뉴질랜드산을 원하며, 맥주 한잔도 수제맥주 전문점에서 마시기 위해 먼 길을 마다하지 않는다. 이들이 소비하고 즐기는 것들이 기업이 갈구하는 히트 상품이 된다는 것을 생각해보면, 부서 회식도 이들의 성향을 파악하는 이벤트로 생각해볼 수 있지 않을까?

#
90년대생과
제대로
일하는 법

3장

먼저, 함께 일하는 동료로 봐주실 수는 없나요

: 혼자 판단하기 전에 먼저 물어보고 함께 고민해야 한다

팀장님 사실 저도 할 말 참 많은데요...

오로지 자신의 일만 하려고 합니다
남의 일이 아닌 제 일을 하고 싶습니다

　영국의 '옥스퍼드 사전www.oed.com'은 2017년의 단어로 '젊음Youth' 과 '지진Earthquake'의 합성어인 '유스퀘이크Youthquake'를 선정했다. '청소년 지진'이라는 뜻의 이 단어는 '젊은이들의 행동이나 영향으로 인한 중대한 문화적, 정치적 또는 사회적 변화'를 말한다. 2016 년 영국 총선에서 야당인 노동당의 선전에 청년층의 힘이 영향을 준 것으로 분석되면서 부각된 용어다. 그들이 본격적으로 기성정치를 움직이는 주체가 된 것이다.

　멀리서 찾을 것도 없다. 혁명으로 불리는 대한민국의 '촛불 혁명'은 '유스퀘이크'에 비할 바가 아니다. 게다가 2020년 21대 총선부터 만 18살에게 선거권이 주어짐으로써 고등학교 3학년 중에서

2002년 1월생부터 4월 16일생까지는 투표할 수 있게 되었다. 그 숫자만 대략 14만 명이라고 한다. 젊은 세대가 세상의 중심으로 자리 잡을 날도 멀지 않았다.

누군가는 정치에 무관심한 젊은 친구들을 안타깝게 여기면서 최근의 현상을 폄하한다. 하지만 나의 생각은 다르다. 그들은 그들 나름의 방식으로 정치에 적극적으로 개입 중이다. 그럴 능력도 충분하다. 젊은 세대를 이전 세대의 생각으로 바라보는 방식이 문제다. 90년대생의 행동과 사고방식이 사회에 영향을 미칠 것임을 부정하는 사람들은 도태될 것이다. 그들은 새로운 구매의 주체가 되었으며 정치적, 사회적 이슈에 대해 나름대로 스마트한 방식으로 표현하고 행동한다는 것을 인정해야 한다.

90년대생이 10살이 되던 해는 2000년이었다. IT 버블이 정점에 달했을 때다. 그들은 메일을 쓰고, 개인 홈페이지를 사용하면서 성장했다. 개성적인 특징을 지니며 확실한 자기만의 영역을 소중하게 여긴다. 타인의 생각도 그대로 받아들이기보다는 '과연? 정말?', '나는 아닌데?'라는 의식의 흐름을 진행시킬 줄도 안다. 그들의 독자적인 생각과 행동을 읽어내는 기업이 앞으로의 세상을 주도하게 될 것이다.

물론 세상은 복잡하다. 직장의 업무 역시 수없이 많은 소통으로 이루어진다. 개인적인 이해관계가 중요한 90년대생에게도 조직에서 다른 누군가와 협업하는 것은 중요하다. 하지만 90년대생들에게 '협업에 대한 무작정의 권유'를 강요하는 건 별로다. 대신 '치열하게 토론해서 만들어내는 협업의 실현'이 더 어울린다.

예를 들어 과거에 흔하던 '사수-부사수' 스타일의 업무 습득 방식은 그들에게 어울리지 않는다. 군대 용어에서 비롯된 '사수-부사수' 시스템은 M60 기관총 등 중화기를 2명 이상이 사수와 부사수로 함께 장비를 다루는 것을 말한다. 두 명이 함께 무기를 다루되 한 명은 사수로 '주 업무'를 하고, 다른 한 명은 부사수로 '보조 업무'를 하며 익힌다. 그동안 과거의 기업들은 이 형태를 신입사원이 입사했을 때 업무를 가르치는 방식으로 채택했었다. 지금은 급변하는 조직 환경과는 거리가 먼 시스템이 되어버렸다. 이런 행태는 기업에게도 비용 낭비다.

지금의 기업들은 후배에 대한 선배의 교육도 비용으로 바라본다. 선배가 자신의 일을 놔두고 교육한다는 것은 시간을 소요하는 일이며, 구성원의 시간은 바로 기업의 비용이기 때문이다. 그뿐인가. 후배인 부사수 역시 제대로 일을 하기까지 교육을 받는 시간이 많이 걸리고, 현장 투입이 늦어진다. 그럼에도 대한민국 기업을 이끌어가는 리더들 대부분은 과거의 사수-부사수 체계에 익숙하기 때문에 그것을 90년대생에게 적용하려다 갈등이 발생하는 경우가 흔하다.

다음 사례를 살펴보자.

> **김 팀장** 이 대리는 박 과장 하고 일하면서 배우도록 하세요.
>
> **이 대리** 박 과장님의 업무를 함께하라는 건가요?
>
> **김 팀장** 네, 맞습니다. 박 과장의 업무를 지원하면서 배우도록 하세요.
>
> **이 대리** 그럼 제 업무는 어떻게 하나요?
>
> **김 팀장** 네?
>
> **이 대리** 제 업무는 박 과장님이 도와주시나요?
>
> **김 팀장** …

사수-부사수 시스템에 익숙한 김 팀장이 말하는 '보고 배우라'는 말은 이 대리에게는 통하지 않는다. 보고 배우는 것의 주체는 이 대리 자신이기 때문이다. 이 대리는 자신이 필요하다고 느껴야 배운다. 필요의 우선순위는 자기 업무와의 연관성 및 중요도다. 당연하다. 성과가 있는 일을 하는 것이 유리하기 때문이다. 인사고과, 연봉 협상에 반영되는 성과가 자신에게 돌아오는 일을 원한다. 이런 상황인데 '당분간' 배우라? '한동안은' 도와줘라? 글쎄…, 과연 90년대생에게 어울리는 권유일까. 아닐 것이다.

90년대생은 자신을 드러내는 무대를 원한다는 것을 인정하자. 자신의 성과를 있는 그대로 뽐내고, 그것에 대한 인정을 받는 관계를 원하는 것이다. 누군가의 '보조'로 자신을 뒷전으로 물리는 것은 있을 수 없는 일이다. '성과는 내가 가져갈게. 업무는 네가 해라'고 말한다면, 그때부터 윗사람은 선배가 아니라 악마일 뿐이다.

90년대생을 진심으로 움직이게 하고 싶다면 조직의 일이 아니라 자신의 일이라고 여길 수 있도록 업무 배분을 세심하게 하는 것이 우선이다. 그들은 본인의 업무 범위가 명확할 때, '이것만은 내 일'이라고 생각할 때 자기 일처럼 적극적으로 움직인다. 즉 일의 덩어리를 개인 단위로 작게 나누고 그것을 적절하게 배분하여 자신의 일처럼 느끼게 하는 것이 90년대생의 열정을 불러일으키고 조직의 성과를 만들어내는 방법이다.

참고로 90년대생은 선배들이 아무리 안정된 삶을 살아가고 있어도 그것이 자신의 삶을 보장해줄 것이라고 섣불리 믿지 않는다. 위에서 아래로 내려오는 정보의 흐름에 대해 그들은 쉽게 호응하지 않는다. 직장에서 강제적으로 참여시키는 그룹, 모임, 조직에 자신의 열정을 바치려 하지 않는다. 그럼 궁금한 것이 하나 생긴다. 그들은 과연 외따로 살고 싶은 존재들일까. 그들은 모임을 원하지 않는 것일까. 물론 아니다.

그들에게도 열정을 다하고, 재미를 느끼며, 함께 참여하려는 의욕을 보이는 시간과 공간이 있다. 바로 심리적인 안정감과 편안한

유대감을 느낄 수 있는 모임이다. 90년대생은 스스로를 '선택적 집단화'에 편입시킨다는 말을 하는데, 예를 들어 '소셜 살롱'이 그렇다. 프랑스에서 각계의 사람들이 모여 예술적 공감대를 나누던 사교적 모임인 '살롱Salon'이 유료 오프라인 모임의 형태로 한국에서 재탄생한 것이다. 이런 모임에는 전문가인 리더가 존재하고, 구성원들은 오직 취향만으로 뭉친 사람들이다. 그 구성원들은 자신의 돈을 투입하면서 좋아하는 것을 보다 깊이 있게 알아가려고 노력한다. 그들은 음악, 미술, 철학, 인문 등 다양한 분야에서 퇴근 후 시간을 아낌없이 소비한다.

참고로 이곳에서 나이와 지위는 문제가 되지 않는다. 실제로 자기소개를 할 때 직업도, 나이도 말하지 않는 규칙을 정하고 있는 경우가 대부분이다. 그럼에도 불편이 없다. 오히려 편안하고, 더 나아가 신선하다고 생각한다.

90년대생은 소셜 살롱에서 직업, 나이보다는 '오직 자신의 취향'으로 스스로를 소개하고 이해받으려 한다. '자기 긍정'의 욕구 속에 있는 '그대로의 나 자신'이 괜찮은 사람임을 확인하고자 한다. 직장에서 매일 보는 팀장의 말에서 얻게 되는 답답함을 평소에는 만나기조차 힘든 대기업 임원과 취향을 나누며 피로를 푼다. 함께 요리를 하고, 그 요리의 역사와 문화에 대한 수다를 떨며 자유로움을 느끼며, 취향의 동질감에서 행복을 느낀다. 서로가 성장함을 느끼며

'함께함'이라는 것의 가치를 즐긴다.

물론 대한민국 기업의 조직 형태가 90년대생이 선호하는 소셜 살롱과 같을 수는 없다. 하지만 이런 모임의 활성화를 바라보면서 조직 문화의 개선을 위한 힌트를 얻을 수 있지 않을까.

직장이라는 곳은 직위와 나이로부터 완전히 자유로워질 수는 없다. 게다가 조직은 성과를 통해 미래의 영속성을 보장받는 곳이기에 더욱 그러하다. 하지만 무작정의 수직적 커뮤니케이션을 끝까지 유지하려는 것 역시 무모하다. 자신의 지위를 잠시 내려놓고 서로의 생각을 거침없이 나눌 수 있는 조직 문화가 만들어질 때 생각지도 못했던 나, 그리고 상대방의 또 다른 가능성이 깨어난다는 것을 인정하는 게 맞다.

90년대생과 소통하고자 한다면, '노답 인간'으로 취급되기를 원치 않는다면, 그들을 채우고 있는 다양한 가능성의 키워드들을 볼 수 있어야 한다. 90년대생이 말하는 특이한 신조어를 외우라는 말이 아니다. 90년대생이 현재 어떤 모임에서 어떤 모습으로 어떻게 시간을 보내며 열정을 발산하고 또 성과를 내고 있는지에 관심을 둬야 한다.

이런 관심이 계속되고, 축적된다면 새로운 조직 문화를 만들어낼 수 있을 것이다. 아마 그때쯤 90년대생도 비로소 직장에서 혼자 일을 할 때보다 함께할 때 무엇이 좋은지를 깨닫게 될 것이다. 어쩌면 혼자 일하라고 권해도 "아닙니다. 저는 선배님과 함께하고 싶습니다"라고 먼저 말할지도 모른다. 그렇게 자기 일처럼 함께하려는 90년대생의 자발적인 모습을 볼 수 있기를 기대해본다.

지적하면 알아듣는 척만 하네요

먼저 제 생각을 물어봐 주십시오

100명 규모의 중견기업에 재직 중인 중간관리자와 이야기를 나눈 적이 있다. 조직에 대한 충성심이 남다른 분이었다. 성과, 조직 문화 등이 대화의 주요 이슈였다. 그런데 그는 특히 한 가지 주제에 관심이 많았다. 리더로서 자신의 존재감에 관한 것이었다. 그는 "조직에 새로운 활력과 넘치는 아이디어를 제공하는 리더가 되고자 합니다"라고 말했다. 내가 그에게 이래라 저래라 할 만한 위치에 있지 않음을 알고 있기에, 그리고 그가 스스로 답을 알고 있다고 생각했기에 "그것을 위해 평소에 생각하는 것들이 있나요?"라고 물어봤다. 그의 해법은 이랬다. "제가 앞장서서 보여주면 조직이, 그리고 부하 직원들이 따라오지 않을까요?" 그에게 그 자리에서는 직접적으로 얘기를 못 했는데 이 자리를 빌려서 답변하고자 한다.

"의욕은 좋습니다만 자칫 꼰대 취급받을 수도 있겠습니다."

이렇게 생각한 이유는 이런 사람들일수록 후배나 조직이 자신의 모습을 보고 따르지 않으면 지치거나 쉽게 짜증을 내기 때문이다. 나는 그에게 하나 더 묻고 싶은 게 있었다. "혹시 후배들이나 조직이 당신을 따라오지 않으면 어떻게 할 건가요?" 과연 그의 대답은 무엇이었을까. "저의 잘못됨을 인정하고 겸손한 마음으로 저를 먼저 되돌아보겠습니다"라는 대답이 나왔을 것이라고 기대해본다.

'노력하고 보여주는 사람'이 리더의 모습인 시대는 지났다. 지금은 '함께하는 사람'이 참된 리더다. '나를 따르라!'고 하면서 앞에 나서는 사람은 '저 사람 왜 저래?'라는 말을 듣기 쉽다. 90년대생과 협업에 성공하고 싶은 리더에게 필요한 것은 '독불장군식의 앞장섬'보다는 '함께하고자 하는 포용력'이 우선이다. 그러나 앞장섬이 계속된다면 갈등이 시작된다.

"94년생입니다. 회사에 충성하라는 말, 이해가 되질 않습니다. 굳이 제가 충성한다면 회사가 아닌 계약서에 있는 관계에 충성하고 싶습니다."

"91년생입니다. 직장 선후배 관계 오직 그거 하나로 왜 이래라 저래라 하는 건지 모르겠습니다. 솔직히 '당신이 뭔데?' 하는 생각이 듭니다."

"92년생으로 2년 차 직장인입니다. 부장님은 틈만 나면 'XX 씨는 내가 키워줄게'라고 말합니다. 수시로 '내 오른팔이 되어 달라'고 얘기하고요. 불쾌합니다. 내가 왜 부장님에게 '키움을 당해야' 하고, 그 부장님의 오른팔이 되어야 하는 거죠? 일의 프로세스에 대한 설명이나 제대로 해주고, 업무에 대한 지시나 똑바로 했으면 좋겠는데….'"

90년대생이 갖고 있는 조직과 충성에 대한 생각들에 거부감을 느낄 수도 있겠지만, 개인적으로는 합리적이며 패기 있는 마인드라고 본다. 언젠가 한 고위 공직자가 "저는 사람에 충성하지 않습니다. 조직에 충성할 뿐입니다"라는 말을 해서 '신선하다'는 평가를 받은 적이 있다. 하지만 90년대생에게는 이조차 우스운 말이다. 왜 그럴까. 90년대생은 '조직 그 자체'에 충성하지 않는다. '조직과 자신과의 계약'에 충성할 뿐이다. 조직과 자신과의 계약에는 조직의 성장과 발전은 물론 자기 자신의 편안함과 안녕, 그리고 성숙에 대한 것도 포함되어 있다. 이런 그들에게 조직의 생각이라고, 선배의 마음이라고 무조건 고개를 끄덕여야 한다고 강요한다면? 그들은 움직이지 않는다. 일에 대한 그들의 합리적인 생각을 성과로 연결하기 위해서는 무의미한 지적 이전에 현명하고 깔끔한 대화가 필요하다. 하지만…

> **김 팀장** 사업전략 보고서, 어느 정도까지 진행됐어요?
>
> **이 대리** 90% 이상 완성된 것 같습니다.
>
> **김 팀장** 응? 어떻게 준비했지?
>
> **이 대리** 나름대로 자료도 찾아보고, 관련 부서 인터뷰도 하고….
>
> **김 팀장** 누가 그렇게 하래요? 문서함 찾아보면 내가 작년에 만든 거 있어요. 그거 그대로 따라서 만들어요.
>
> **이 대리** …

불과 십여 년 전의 대한민국 기업 문화에서는 윗사람이 '죽어라!' 하면 아랫사람은 '죽는 시늉이라도' 하는 것을 미덕으로 여겼던 것은 부끄럽지만 사실이다. '내가 했던 그대로 따라 하라'는 리더의 말에 '네, 알겠습니다!'를 외치는 것이 팔로어의 의무인 줄 알았다. 하지만 지금은 어떤가. 자아를 중시하며 자기 만족감이 중요한 90년대생에게는 '퇴사 의욕'만 고취시킬 뿐이다. 90년대생들에게 업무를 지시하거나 피드백을 할 때는 그들의 특질을 염두에 두어야 한다.

참고로 90년대생들은 자기 나름대로의 행복을 누리려는 특질이 있다. 스스로 찾고, 만들며, 고민한다. 이런 모습을 이전 세대들은 인정하고 받아들이며 더 나아가 즐길 수 있을 정도가 되어야 한다. 90년대생이 색다른 견해를 말했을 때 새로운 의견으로 수용할 줄 알아야 한다. 또 일하는 과정에서 발생할 수 있는 실수에 대해서는 개선 방향과 함께 이를 경험 삼아 더 발전할 수 있을 것이라고 격려해주는 게 좋다.

90년대생들을 비롯해 피드백은 스스로 존재가치를 온전히 느낄 수 있는 방법으로 이루어져야 한다. 조직생활을 하는 젊은 친구들이 아쉬움을 토로하는 것 중 하나가 자신의 일이 누군가에게 어떤 가치를 주는지, 자신의 일을 통해 얼마나 존재감을 느낄 수 있는지가 어려웠다는 것이다. 누구든지 자신을 대체할 수 있다는 것, 자신이 없어도 그 공간이 아무렇지 않게 돌아가는 것에 대해 실망과 불안감이 컸다는 얘기였다.

물론 무작정 90년대생의 실수를 허용하라는 것은 아니다. 연륜이란 무엇인가. 낭비에 가까운 젊음의 충동을 자제시킬 수 있는 소중한 역량이다. 선배라면 업무를 수행할 때 적절하게 단계별로 가이드와 피드백을 해주고, 조직 내의 규칙을 명확하고 상세하게 안내하는 것이 의무다. 다만 그 의무를 어떻게 표현하느냐, 즉 소통의 형식이 중요하다. '무작정 따르라'는 이전 세대의 마인드로는 90년대생의 호응을 이끌어내기란 불가능하다는 것을 뼛속 깊이 새겨두어야 한다. 그것이 진정한 배려의 첫걸음이다. 예를 들어보자.

조직 구성원이 전날 밤 야근으로 밤을 샜다. 이때 "또 밤 샜어요? 이사님과 다른 팀원들에겐 말하지 않을 테니 어디 가서 좀 쉬었다 오세요"라고 말하는 팀장이 있다고 해보자. 이는 배려일까. 아니다. 조직에 대한 월권 행위요, 기업에 해를 끼치는 것이며, 사랑하는 후배에게 잘못된 습관을 들이는 것이다. 진정한 배려는 문제가 생긴 현상 그 자체를 해소하는 것에서 그쳐서는 안 된다. 문제가 생겼다면 근본 원인에 대한 진정한 관심과 애정으로 상대가 필요로 하는 것이 무엇인지 알아내고 또 말해주는 것이다. 예를 들어 "요즘 야근이 많은 것 같은데…. 야근을 줄일 수 있는 방법을 같이 고민해봅시다"라고 말하는 것이다. 90년대생을 함께 일할 수 있도록 만드는 것은 결국 언어다. 예의바른 언어, 기다림의 언어, 그리고 배려의 언어. 이런 언어를 사용할 줄 모르면 90년대생과의 아름다운 관계는 기대할 수 없다.

조직의 변화는 대화를 건전하게 이끌겠다는 마음가짐에서 시작된다. 대화 없이는 발전도 없다. 눈치만으로 모든 것을 아는 직장인이란 20세기 만화에나 등장할 만한 모습이다. '척 보고 알 수 있다'고 하는 '관심법觀心法'을 쓰는 궁예가 아니라면 괜히 90년대생을 두고 아는 척하기 이전에, 남을 얕보는 자만감을 노출시키기 이전에 치열하게 대화해보겠다고 마음의 준비부터 하길 바란다. 건강한 대화는 기업의 성과를 위해 꼭 이루어져야 할 의례이다.

참고로 90년대생들이 꼽은 최악의 선배 중 하나가 "왜 진작 말하지 않았어요?"라며 타박을 주는 사람이란다. 지적하면 알아듣는 것 같지만, 90년대생의 속마음에는 '지적하기 전에 먼저 말해주십시오' 혹은 '지적하지 말고 함께해주십시오' 등이 있음을 기억하자. 거칠고 배려 없는 지적이나 무의미한 방임 대신에 "그럼 이런 방향으로 생각해보면 어떨까요?"라고 말하는 사람이 되도록 해보자. 관계의 파멸이 오기 전에 말이다.

도대체 무슨 생각을 하는지 알 수가 없어요
저도 팀장님의 생각을 전혀 모르겠어요

　'아직'이라는 말이 있다. 90년대생은 '아직'이라는 말을 두 가지로 해석한다. 첫째, '가능성'이라고 생각한다. "아직이요"라고 말하는 90년대생 후배에게 "'아직도 아직'이라니!"라면서 윽박지르는 선배는 그들의 언어를 이해하지 못하는 사람이다.

　둘째, '이해 못함'이라는 뜻이다. 90년대생의 '아직'이라는 말은 정확히는 '아직도 당신이 원하는 것을 잘 모르겠어요'라는 말과 동의어이다. '아직'이라는 단어 하나의 해석도 이렇게 어려운데 90년대생의 언어를 해석하는 과정이 만만한 일은 아니다. 소통이란 어려운 것이다. 새로운 외국어 하나를 공부한다고 생각하고 그들 속으로 들어가려는 노력이 필요하다. 이런 마음 없이 90년대생에게 무작정 들이대다가는 괜히 충돌만 생긴다. 90년대생의 '취존(취향에 대한 존중)'이나 '개취(개인의 취향)'에 대한 이해 없이 제대로 커뮤니케이션이 이루어질 수는 없다.

'미닝아웃Meaning out'이란 말이 있다. '자신만의 의미 있는 취향이나 정치적 혹은 사회적 신념을 드러내는 것'을 말한다. 90년대생들은 미닝아웃에 익숙하다. 자신의 사회적 신념과 가치관을 적극적으로 드러낸다. 가만히 있으면 달라지지 않음을 알기에 세월호의 노란 리본을 가방에 달고, 페미니즘을 지향하는 타투를 하는 것에 주저하지 않는다. 이전 세대가 90년대생들의 이런 기본적인 배경을 알지 못한 채 다가서려고 하는 순간 갈등이 폭발한다. 그 폭발의 현장이 상하 위계질서가 뚜렷한 곳이라면, 90년대생은 다음 둘 중 하나를 선택한다. 퇴사, 아니면 입을 닫아버림. 안타깝다. 그렇다면 어떻게 90년대생과 대화를 시작해볼 것인가. 그들을 이해하려면 무엇부터 해야 하는가. 잘 모르겠다면 그들의 취향에 대한 전적인 지지부터 시작했으면 한다. 예를 들어 SNS가 그것이다.

90년대생은 자신의 지극히 사적인 비밀도 SNS에 올린다. 모르는 사람에게 피드백을 받으면서 위로를 받고, 또 감정을 추스르기도 한다. 90년대생에게 공동체란 얼마든지 해체와 재조립이 가능한, 그러면서도 편하고 쉬운 공간일 때 의미를 갖는다. 자신의 취향을 인정받고, 외로움을 위로받는 곳이다. 사실 90년대생은 직장의 선배, 윗사람과도 자신의 취향을 함께 이야기의 소재로 삼을 수 있는 사람들이다. 실제로 93년생인 한 직장인은 이렇게 말했다.

"이사님이 내가 무엇을 좋아하고 무엇을 잘하는지 알고 나를 지속적으로 인정하고 격려했으면 좋겠습니다. 소프트한 이야기를 함께 나누는 것으로 대화를 시작한다면 어렵고 힘든 일을 할 때도 소통이 잘 이루어질 것 같거든요. 하지만….″

하지만? 실제로는 아래와 같은 상황이 더 많다.

> **김 팀장** 회사 요리 동호회에 가입했다면서요?
>
> **이 대리** 네, 주말을 이용해서 오프라인 모임도 합니다.
>
> **김 팀장** 은행에 다니는 사람이 무슨 요리를 배운다고….
> 괜히 오해받을 일은 하지 않는 게 낫지 않나….
>
> **이 대리** 네?
>
> **김 팀장** 회사 일에는 관심 없고 요리 따위에만 관심 있는 사람으로 찍히지 말라는 말이에요.
>
> **이 대리** …

90년대생들은 취미라도 오직 재미, 즐김의 용도로만 생각하지 않는다는 것을 알아야 한다. 그들은 직업으로 삼아도 변치 않고 좋아할 만한 일을 취미로 삼는다. 한마디로 '전략적 취미 생활'을 한다.

그런 그들에게 취미 따위는 때려치우고 자나 깨나 회사 생각, 업무 생각을 하라고? 90년대생은 야근과 특근에 찌든 선배를 보면 존경보다는 안타깝다는 생각을 한다. 그렇다고 퇴근하고 무작정 쉬기만 하는 동년배의 모습에 찬사를 보내는 것도 아니다. 자기계발을 위한 활동을 등한시하고 게임에 몰입하거나 TV나 술 등으로 허송세월하는 친구를 보면 한심하게 생각할 줄도 안다.

각자의 삶을 선택하고 그 선택에 대해 부당하게 위협받지 않는 사회가 되어야 하는 것처럼 기업과 조직 역시 마찬가지다. 각 구성원의 삶에 대한 선택을 인정하고, 또 함부로 그에 대해 겁박하지 않는 건 기본이다. '취준생(취업준비생)'이란 용어만큼 90년대생에겐 '퇴준생(퇴사준비생)'이라는 말도 친숙하다. 회사에만 '올인'하던 이전 세대와는 다르다. 90년대생은 자신의 삶에 대해 좀 더 냉정하다. '어떻게 나만의 길을 찾을 것인가?'에 대한 선택지가 뚜렷하다. 그렇게 그들은 취미 하나에도 가치를 둔다. 현재의 기준에선 직장이 최적이지만 미래를 봤을 때는 그것이 아닐 수도 있다는 합리적 의심을 거치기 때문이다. 이런 그들의 취향에 대해 왈가왈부해 놓고는 소통을 하겠다고? 글쎄, 불가능하지 않을까.

90년대생이 현재 자신의 일터에 충실하지 않다고 생각하면 오해다. 오히려 정반대다. 직장의 경험이 자신의 미래에 직간접적으로 도움을 준다는 것을 확신한다. 실제로 회사에서 광고 기획자로 몇 년간 일하다 퇴사하여 현재는 웹에이전시를 겸한 홍보대행사를 차린 90년대생의 이야기가 그 대표적인 사례다.

그는 직장에 다닐 때부터 광고의 콘셉트를 잡고 전반적인 일정과 예산을 계획, 다양한 이해관계자의 의견을 조율했던 일을 자신의 소중한 경험으로 쌓아왔다. 지금은 다섯 명의 직원을 이끌고 있는 회사 대표가 되었지만 직장 다닐 때의 경험을 그 어떤 것과도 바꿀 수 없는 소중한 시간이었다고 고백한다. 이런 그들을 잘 알지도 못하면서 겉모습만 보고 "90년대생은 야망이 없는 것 같아요"라고 말하는 건 몰라도 뭐를 한참 모르는 사람들이다. 이런 생각으로 소통하려 하니 90년대생으로부터 "저도 선배님이 무슨 생각을 하는지 모르겠어요"라는 말을 듣게 되는 것이다.

90년대생은 야망이 크다. 그 야망을 실현하기 위한 방법이 이전 세대와 다를 뿐이다. 퇴근한 90년대생이 무의미하게 페이스북에 글을 올리고, 인스타그램에 사진을 올린다고 폄하하지 말자. 그들은 페이스북과 인스타그램을 통해 자신이 좋아하는 것을 찾는 세대이다. 한 회사에서 4~5년 일하면서 조직과 실무를 경험하면 보통 성장이 정체되는 느낌이 든다. 그럴 때 90년대생은? 그런 상황에 오히려 미소를 짓는다. 오히려 자신이 배워야 할 것을 얻어내기 위해 직장에서 최선을 다해야 할 순간이라고 생각하는 것이다.

90년대생들과 이야기를 나누려면 먼저 그들이 세상을 어떻게 바라보는지를 배워야 한다. 배운 것으로는 부족하다. 그것을 인정해야 한다. 그들의 취미, 개인의 특성, 업무 스타일에 대해 인정할 준비가 되었다면, 90년대생과 대화할 준비가 되었다고 말을 걸어도 된다. 이렇게. "우리 이야기를 함께 나눠 볼까요?"

80 SAYS

적당히 끝내고 제대로 하려고 하질 않네요
별 말씀 없으니 별 문제없는 줄 알았습니다

90 SAYS

'꼰대'는 '세대'의 문제가 아니다. '개인의 사고방식'의 문제다. 꼰대의 특징은 한마디로 '자기중심적'이다. 그렇다면 70년대생은 무조건 자기중심적인가. 아니다. 얼마든지 이타적이고 공감대를 형성하며 아름답게 사는 사람들이 존재한다. 마찬가지다. 90년대생이라고 무조건 꼰대가 아니라고 할 수도 없다. '젊은 꼰대'란 말도 있지 않은가. 하지만 아무래도 나이가 들수록 '꼰대스러움'이 말과 행동에 '장착'되는 비율이 높은 것은 사실이다.

그렇다면 왜 이런 모습들을 보이는 걸까. 산다는 것은 멋진 일이다. 하지만 멋진 만큼 어려운 일이다. 팍팍한 삶에 지치다 보면 평소에는 드러나지 않던 자기중심적인 모습이 '스멀스멀' 기어 나오기 마련이다. 이때 부끄러움을 알아야 하는데 지위, 나이 등으로 희석되면서 과도한 자기중심성을 감추는 것에 실패한다. 타인을, 특히 약자를 자기중심성의 희생양 혹은 공격 대상으로 삼는다. 가장 가까운 사람에게 자기도 모르게 일방적인 강요를 하는 것이 일반적 모습이다. 자신의 위치나 지위를 내세워 자신보다 약자를 가르치려고만 드는 것도 대표적인 모습이다.

이전 세대들은 윗세대들 꼰대와도 기꺼이 관계를 유지하려 했다. 특히 직장에서 더 그러했다. 이직이 활발하지 않았고, 평생직장이라는 신화도 존재했다. 군대도 아닌데 '지금은 죽어 지내고 나중에 내가 받은 만큼 아랫사람들에게 풀면 된다'는 마음가짐도 흔했다.

이제는 다르다. 90년대생에게 '그런' 태도로 접근했다가는 '꼰대 취급' 받는 것은 물론, 꼰대 그 자신부터 청산되기 딱 쉽다. 예를 들어 시간에 대한 생각 역시 그러하다. 불과 몇 년 전까지만 해도 회의에 들어간 팀장과 함께하기 위해 팀원 전부가 점심 시간 늦도록 기다리는 모습은 흔히 볼 수 있는 풍경이었다. 자기들끼리 식사하러 갔다가 오후 내내 '팀장인 나를 두고 자기들끼리만 밥을 먹어?'라는 수준 낮은 생각에 갇힌 팀장의 서늘한 표정에 불편했던 기억도 존재했다. 하지만 지금 그런다면 꼰대가 아닌 바보 취급받는다. '저 사람은 혼자서 밥도 못 먹나?'라는 비웃음만 사기 쉽다.

93년생인 한 직장인은 이렇게 말했다.

"저에게 가장 중요한 키워드는 자유입니다. 나의 자유를 지키기 위해서라도 효율적이기를 원합니다. 효율적이라는 건 시간을 아낀다는 뜻입니다. 그래서 '스마트한 효율성' 대신 '산업시대의 근면성'만 강조하는 윗사람의 말이 제일 듣기 싫습니다. 효율적인 일처리는 뒷전이면서 무작정 '노력하라', '최선을 다하라'고 할 때는 구역질이 날 정도입니다."

자유를 효율과 연결시키는 90년대생의 모습, 현명해 보이지 않는가. 그들의 현명함에 노력과 최선이라는 키워드로만 달려드는 윗세대의 모습이 안타깝다. '아무것도 아닌 일을 진득하니 앉아서 끝까지 버텨내는 것'이 아닌, '현명하게 아웃소싱하고 핵심에 집중하는 것'을 고민하는 90년대생의 마인드에 찬사는 보내지 못할망정 과거 자신의 경험만으로 이래라저래라 하는 건 최악이다. 비슷한 사례는 많다. 직장생활을 비교적 일찍 시작했던 90년대생의 한 여성은 시간이 흐름에 따라서 자신이 꼰대를 바라보면서 생각하는 것들이 '인식 ⇨ 혐오 ⇨ 이별'의 순서로 변화했다고 한다.

<u>22살</u> 저런 사람도 있었구나! (인식)

<u>25살</u> 도대체 왜 또 저러는 거지? 미친 거 아니야? (혐오)

<u>28살</u> 저런 사람과 내가 함께할 이유가 없지. (이별)

결국 그는 꼰대스러운 태도를 보이는 사람을 투명인간 취급하기로 결심했단다. 그게 비록 자신의 상사였음에도 말이다. 예를 들어회식을 하게 되면 어쩔 수 없이 참석하기는 하지만 어떻게 해서든지 '꼰대인 그 사람' 주변에는 앉지 않으려 했다. 그리고 그 자리를빨리 떠날 핑계만 찾느라 머릿속이 복잡했단다. 하지만 인내에도한계가 있는 법, 결국 회사를 떠났다.

물론 쉽게 포기하는 듯 보이는 90년대생을 무조건 옹호하고 싶지는 않다. 인간관계에 대한 임계점이 낮은 것을 보면 아쉬움이 남는다. 그리고 관계의 단절을 이전 세대보다 좀 더 쉽게 생각하는 경향이 있는 것으로 보인다. 그래도 아직까지는 90년대생을 탓하고싶지 않다. 실제로 내가 겪은 90년대생들이야말로 규칙을 잘 준수하고, 팀 지향적이며, 성취욕이 강하고, 자신을 사랑할 줄 알았다.그들의 모습은 기업 성장에 필수적인 장점으로 얼마든지 전환될 수있는 에너지를 품고 있는 것으로 보였다. 다만 그 주변에 있는 이전세대의 너그러운 모습이 아쉬울 뿐이었다.

이전 세대에게 필요한 것은 90년대생의 숨은 욕구를 '터치'해줄수 있는 능력이라고 본다. 기업의 성과와 이들의 잠재된 욕구 사이의 접점을 만들기 위한 노력을 하는 게 맞다. 성공보다 성장을 추구하며, 타인을 짓밟고 이기려는 것보다는 인생 전체의 커리어를 관리하는 것에 더 관심이 많은 그들이 '어제보다 나은 자기 자신'의 모습에 행복을 느낄 수 있도록 조직 문화가 바뀌어야 한다. 그래서 최근의 기업들도 '나의 행복과 성장이 가능한 곳', '저녁이 있는 삶', '유연한 근무 시간과 장소, 반려견과 함께 출근할 수 있는 회사' 등을 내세워 젊은 세대를 끌어들이기 위해 노력하고 있지 않은가. 바람직한 모습이다.

그럼에도 여전히 대한민국 기업의 조직 문화를 짐작케 하는 통계자료는 암울하기만 하다. 한국경영자총협회와 한국교육개발원의 2016년 발표 자료를 보면 대졸 신입사원 4명 가운데 평균 1명이 1년 내에 퇴사한다고 했다. 그 이유가 무엇일까. 연봉, 출퇴근 시간, 난이도 높은 업무? 이보다는 결국 사람과의 문제가 퇴사의 가장 큰 이유 아닐까. '갑갑한 꼰대'와 같은 공간에서 함께 숨을 쉬고, 함께 이야기를 나누며, 함께 생각을 공유한다는 것, 만만치 않은 일이다. 90년대생에게 퇴사하고 싶다는 생각이 괜히 드는 것은 아니라는 사실 정도는 알고 있어야 한다.

윗사람의 말에 "네, 네" 하고 있는 90년대생, 오늘도 그들은 가슴 한쪽에 사직서를 품고 있을지도 모른다. 높은 급여만으로는 90년대생을 조직의 진정한 협력자로 만들기 힘들다. 그 이상으로 일의 목적과 의미, 자부심, 그리고 때로는 비금전적 보상으로 대체해야 한다. 그 핵심은 일터에서의 소통이다. 일터에서의 소통 도구 중 대표적인 '보고'를 예로 들어보자.

보고의 수준은 사람마다 각자의 기준이 다르다. 누구에게는 '이 정도만 하면' 되는 것이고, 다른 누구에게는 '저 정도는 해야' 되는 것처럼 말이다. 92년생 이 대리도 처음에는 적극적으로 보고했었다. 하지만 한 번, 두 번 그 보고가 차단을 당하면서 불만이 쌓였다. 밑도 끝도 없이 "다시 해오세요"라는 김 팀장의 말에 의욕을 잃게 되었다.

김 팀장 아니, 이게 다입니까?

이 대리 네, 팀장님.

김 팀장 이렇게 적당히 끝낼 겁니까?

이 대리 팀장님이 마지막으로 주신 피드백을 최대한 반영한 겁니다.

김 팀장 뭐라고요? 처음부터 끝까지 모두 제가 관여해서 말해줘야 해요?

이 대리 …

김 팀장의 어떤 말이 문제일까. 마음에 안 든다고 한 번, 두 번 반려했으면 최소한 가이드라도 제대로 해줬어야 했다. 90년대생은 '매뉴얼 세대'다. 그들은 매뉴얼에 따라 움직일 줄 안다. 직장에서도 마찬가지다. 확실한 지침, 제대로 된 설명을 원한다. 제대로 된 피드백도 없이 '그 정도는 알아서 하길' 원하는 모호한 김 팀장의 말은 꼰대의 말처럼 들린다. 확실하지 않으면 확실할 때까지 대화의 끈을 끝까지 붙들고 있겠다는 각오가 90년대생과 대화하려는 사람의 기본자세다. '다른 건 몰라도 우리 대화만큼은 제대로 해보자'에 대한 합의가 명시적이든 묵시적이든 전제되어야 한다. 일을 하는 과정에서 거침없이 말들이 오가고, 또 그만큼 서로를 받아들이는 소통의 문화가 배경이 되어야 한다. 최소한 다음과 같은 정도의 수준이 되어야 할 것이다.

> **김 팀장** 이 대리의 생각이 그렇다면 나는 그것에 동의할 수 없어요.
>
> **이 대리** 그런가요? 저는 제 생각에 동의하지 못한다는 팀장님의 생각에 동의할 수 없습니다.

이런 말들을 '웃는 얼굴'로 할 수 있다면, 그것만큼 제대로 된 조직 문화를 대변하는 것이 또 있을까. 어떻게 해서든지 지위, 나이, 경험에 관계없이 끝까지 이런 내용과 형식의 소통이 이루어지는 것을 조직 문화의 목표로 삼아야 한다. 제대로 된 대화의 실현은 한쪽으로 흐르는 피드백이 아닌 쌍방향적인 것이다. 당연한 말인데, 그 당연한 것이 현실에서 잘 이루어지지 않고 있는 게 답답하다.

물론 지금 이야기하는 것들은 제대로 된 사고방식을 지닌 90년대생을 전제로 하고 있는 것이다. 업무 지시를 했는데 "제 전공이 아니라 모르겠습니다"라고 말했다는 90년대생의 사례가 사실이 아니기만을 바랄 뿐이다. 이 정도가 아니라면, 즉 배우는 것조차 귀찮아하거나 친절히 알려준다는데도 관심 분야가 아니라고 적극성을 보이지 않는 경우가 아니라면, 90년대생의 말에 '이 친구가 이렇게 말하는 이유는 무엇일까?'를 고민하는 게 이전 세대의 의무다.

"별다른 말씀이 없으셔서 별 문제없는 줄 알았습니다. 죄송합니다"라는 이 대리의 말에 "아니에요. 팀장인 내가 제때 피드백을 해주지 못해 미안합니다"라는 말을 할 줄 아는 김 팀장이 되어야 한다. 이런 모습, 꿈같다고만 여기면서 포기할 것인가.

80 SAYS

자신의 주장을 절대 굽히지 않네요
시키는 일만 하는 사람을 원하세요

90 SAYS

90년대생은 그들 스스로가 주인공인 무대를 원한다. 자신의 주장을 굽혀야 하는 장소는 그들이 바라는 곳이 아니다. 자유롭고 편안하면서도 아낌없이 자신을 드러내려는 곳, 그들의 이런 욕구를 기업들은 충족시켜줄 준비가 되어 있는 걸까.

예를 들어보자. 많은 기업이 90년대생의 생각을 듣겠다면서 임원회의 등에 그들을 참석시킨다. 그런데 우습다. 형식적인 모습 하나도 제대로 갖추지 못한 경우가 흔하기 때문이다. 이십여 명의 임원들은 사장을 중심으로 긴 테이블의 한 자리를 차지하고 있다. 그들은 그렇게 한 시간이고 두 시간이고 회의를 진행한다. 90년대생의 자리는? 그렇다. 벽면에 의자를 하나씩 주고 끝이다. '우리 임원들이 이런 얘기를 하고 있으니까 너희들은 잘 들으라고! 이렇게 힘들게 일하는 것을 잘 보고 조직으로 돌아가 열심히 일하라고!' 하는 무언의 암시나 다름없다. 물론 회의 끝에 이런 말들을 하긴 한다.

"아, 맞다. 오늘 90년대생들이 오셨는데 누가 소감이라도 한마디 해보시죠."

90년대생에게 이런 무대, 이런 말은 '모욕'이다. 의미라고는 1도 없이 지루하기만 하고, 입을 닥치고 견뎌내야만 하는 '감옥' 같은 공간이다. 이런 형식적인 한심한 행태는 이제 그만 좀 집어치우면 어떨까. 회의를 왜 하는가. 문제 해결이 목적이다. 문제 해결을 위해 의견을 묻는 것, 그리고 그 의견에 대해 서로의 생각을 말하는 것이 회의다. 그런데 소통은커녕 일방적인 지껄임만 가득하다면? 굳이 회의라는 형태로 모일 필요가 있겠는가.

'혹시나' 하는 마음으로 참석한 90년대생에게 원하는 게 무엇인가. 그들의 짜증과 원망, 부당함에 대한 토로 등에 대해 귀를 기울일 최소한의 준비도 없이 그들을 초대(?)하는 건 모욕이다. 90년대생은 업무가 과하다고 생각되면 "일이 많아 못 하겠습니다"라고 즉각적으로 말하기 시작한 거의 첫 번째 세대가 아니던가. 목표가 내려오면 성과를 낼 방법이 없음에도 앞에서는 "예!"라고 말하고 뒤에서는 '더럽고 치사해서…'라며 뒷담화만 해댔던 이전 세대와는 달리

신선하지 않은가. 안 되는 건 안 된다고 의사 표현을 확실히 하는 90년대생의 태도를 어떻게 해서든지 활성화시켜야 한다. 회의든, 발표든, 뭐든 관계없이.

무작정 90년대생들을 옹호하지는 않겠다. 사실 그들에게도 아쉬운 점은 있다. 개인적인 경험을 일반화하는 것에 문제가 있을 수는 있다. 하지만 어떤 90년대생들은 자신의 자존심에 대해선 민감하지만 상대방의 자존심을 건드리면 어떤 일이 일어날지에 대해서는 다소 무감각한 모습을 몇 번 본 적이 있다. '눈치를 보지 않는 모습'은 좋았지만, 그것이 '타인을 배려하지 않는 모습'으로 나타나는 것은 받아들이기 힘들었다.

언젠가 개인적인 문제로 어려움을 겪게 되었는데, 이와 관련해 한 90년대생에게 "○○ 씨가 저라고 생각해보세요. 예를 들어…"라고 말을 시작하자마자 1초도 안 되어 "제 생각을 알려고 하지 마시고 당신의 이야기나 하세요"라며 냉정하게 말을 끊던 모습은 서늘할 정도였다. 아무래도 '각자도생'의 시대가 90년대생에게도 일반화가 되다 보니 '너는 너, 나는 나'에 대한 개념이 명확화를 넘어 지나칠 정도가 된 건 아닌가 하는 생각이 들었다. 비슷한 이야기를 식자재 업계에서 중간관리자로 일하는 분으로부터 들은 적이 있다.

김 팀장 이 대리, 이렇게 토스하면 내가 이사님에게 어떻게 보고합니까?

이 대리 …

김 팀장 이 대리가 팀장이라고 생각해보세요.

이 대리 팀장님, 죄송하지만 팀장님의 생각만 말씀해주세요.

김 팀장 네?

이 대리 제가 팀장님은 아니잖아요?

김 팀장 …

나는 이제 당황하지 않으련다. 이 대리는 '입장을 바꿔서 생각해 보라'는 김 팀장의 말이 이해가 되지 않았을 뿐이다. '내가 팀장 수당을 받는 사람도 아닌데 왜 입장을 바꿔서 생각해보라는 거지?'라는 이 대리의 마음을 이해해줘야 한다. 물론 이 대리의 고집이 무작정 예뻐 보이는 건 아니다. '건방짐'으로 보이는 것도 사실이다. 하지만 그렇다고 그들의 강한 자기주장을 나쁘다고만 생각하지 않는다. 이해가 되지 않는 부분에 대해 적극적으로 자신의 의견을 표현할 줄 아는 것도 그들의 힘이다.

이쯤에서 90년대생들에게도 조심스럽게 조언을 하고 싶다. '사회'에 대한 개념에 대해서다. 회사와 같은 조직은 일시적인 인간관계, 무시해도 좋을 사회가 아니다. 최소한 몇 개월, 길게는 수십 년을 함께해야 하는 공간이다. 다른 사람의 생각을 이해하고, 상대의 입장에서 문제를 바라볼 줄 아는 노력은 분명히 필요하다고 조언해 주고 싶다. 다른 사람들과 어떤 관계를 맺느냐가 직장, 더 나아가 인생의 성패를 좌우하게 됨을 깨닫는 건 절대 손해 보는 일이 아니기 때문이다.

어쨌거나 위로부터의 무분별한 업무 지시에 대해 '그렇게 하고 싶지 않습니다!'라는 선택지를 고르는 90년대생이 존재한다는 것에 이제부터 나는 박수를 보낼 것이다. 그들의 태도를 받아들여야 한다. 지시할 때 1cm가 흔들리면 결과는 10m씩 널을 뛴다는 것을 안다면, 시작부터 현장과 보다 가까이 있는 젊은 친구들의 목소리에 귀를 기울이는 게 윗사람의 도리다. 나는 그들의 모습을 '건방짐'이 아니라 '패기'라고 부를 것이다. 새로운 관계로의 전환에 앞장서는 첫 번째 세대인 그들을 격려하고 응원한다. 이런 그들에게 "너는 고생을 안 해봐서 그래!"와 같은 말들은 자제하려고 한다. 솔직히 나 역시 젊은 세대였을 때 들었던 말이다. 그때 나는 반발하지 못했다. 내가 겪은 것, 내가 생각하는 기준에서 벗어나는 것을 보고 "그건 아무것도 아니야!"라고 말하는 선배들을 향해 "아니거든요!"라고 반사를 날릴 줄 몰랐다. 내가 하지 못했던 것을 90년대생들이 해내고 있다. 그들이야말로 이전 세대가 해내지 못했던 대화의 균형을 맞추어내고 있는 세대다.

90년대생은 강하다. 그들은 의지를 갖고 무언가 얘기할 줄 안다. 물론 '너는 너, 나는 나'라는 전제를 깔고 '당신의 얘기나 하라. 내 생각을 엿보려 하지 말고'라는 90년대생의 태도까지도 칭찬하려는 것은 아니다. 하지만 최소한 90년대생이 자신의 개성을 잘 드러내고 있는 말들에 당황하지 말고, 오히려 그동안 이전 세대에서 통했던 말들의 문제점을 반성했으면 좋겠다. 혹시 자신의 주장을 잘 굽히는 90년대생을 원하는가? 무작정 예스맨인 90년대생을 원하는가? 아닐 것이다. 자신의 생각, 자신의 마음을 솔직하게 표현하면서 치열하게 대화를 나누는 그런 사람을 원할 것이다. 그래야 조직도 성장할 것이니 말이다. 오히려 위에서 시키면 시키는 대로 하는 조직, 윗사람의 말이 아래로 내려오는 조직, 그런 조직이 과연 건강할까. 90년대생, 그들의 말에 귀를 기울이는 것이 지속 가능한 조직으로 성장시키는 비결이 아닐까.

아직은 조직에서 주변부에 위치해 있지만, 그들을 빠른 시간에 중심부로 이끌어낼수록 그 조직에는 미래가 있다. 주변부, 비주류를 배려할 줄 안다는 것, 이는 조직 구성원 개인 간의 문제에서 끝나는 것이 아니다. 그 조직이 속한 기업의 흥망성쇠를 좌우한다. 지금은 비주류의 성공담과 소수자의 일상이 돈이 되는 시대다. 공중파 방송 출연조차 쉽지 않았던 중소기획사 출신 아이돌 그룹 방탄소년단이 그 사례다. 빌보드 200 차트에서 1위를 한 그룹이지만 그들도 한때 무명시절을 견뎌냈다. 그뿐인가. 우울증을 겪던 평범한 누군가는 자신이 정신과에서 상담받은 것을 책으로 펴내면서 베스트셀러가 되었다. 모두 주변부, 마이너에서 머물던 주체가 중심부를 뒤흔드는 사건이었다.

기업도 마찬가지다. 이전 세대의 딱딱한 고정관념에서 벗어나야만 조직은 성장할 수 있고, 또 지속 가능한 기업을 만들어낼 수 있다. 방법은 간단하다. 멀리서 찾을 것도 없다. 조직의 구성원들이 하는 말이 위아래로 자유롭게 소통되는 문화를 만들면 된다. 예를 들어 이해하기 힘든 의견을 제시하는 이 대리의 말에도, 자신을 향해 날카로운 비판을 퍼붓는 이 대리의 말에도 "그런 색다른 의견이 필요했어요. 나는 그런 생각을 전혀 못했거든요", "내가 그런 실수를 했군요. 말해줘서 고맙습니다"라고 말할 수 있다면 그 조직은 건강한 소통 문화가 뿌리내린 곳이다. 이런 소통의 문화, 가능할까. 가능할 수 있고, 또 가능해야만 한다.

90년대생의 대화법과 태도에 여전히 적응하지 못하는 이전 세대의 괴로움을 외면하고 싶지는 않다. 생각이 다른 누군가와 소통한다는 건 어려운 일이고, 당연히 힘든 일이다. 게다가 전혀 다른 환경에서 삶을 경험한 90년대생과의 소통이라면 더욱 어려울 것이다. 하지만 그렇다고 소통의 문을 닫아버리는 우를 범할 수만은 없다. 아니, 오히려 힘들고 어려울수록 90년대생과 '코드Code'를 맞추려는 노력이 더욱 빛을 발할 것이라는 신념을 갖고, 양보와 배려를 대화의 미덕으로 장착하길 바란다. 다소 듣기 힘든, 건방진 말을 들었다고 할지라도 무작정 거부 반응을 보이기보다는 90년대생의 마음을 한 번쯤 고민해보고 생각할 줄 아는 기성세대가 되기를 바란다.

호의를 위선으로 생각하고 고마워하질 않네요
오는 믿음이 없으면 가는 믿음도 없습니다

초록불이 켜졌을 때 횡단보도를 건너는 건 자동차가 속도를 늦추고 정지선에 멈춰 설 것이라는 믿음이 있기 때문이다. 이런 믿음이 없다면 우리는 횡단보도를 건너지 못할 것이다. 보행자인 내가 믿음이 있더라도 자동차 운전자가 신뢰를 저버린다면? 그 즉시 나는 위험에 빠진다. 즉 신뢰라는 건 일정한 위험 감수가 포함된 행위다. 하지만 인간관계는 횡단보도의 신호등만큼 뚜렷한 기준이 없다. 그래서 누군가를 믿는다는 건 위험을 감수하는 행위가 된다. 한 번, 두 번 믿었음에도 그에 상응하는 무엇인가가 없다면 우리는 그때 믿음을 버린다. 그 사람에 대해, 그 사람이 속한 조직에 대해, 그 사람이 속한 사회에 대해.

그렇게 믿음 없는 일상은 인간관계를 피폐하게 만든다. 횡단보도의 초록불처럼 여러 명이 협업하면 좀 더 나은 경제적 부가가치를 만들 것이라는 신뢰로 생긴 조직이 회사다. 우리가 일상에서 접하는 것보다 높은 수준의 믿음을 기반으로 한다. 약속된 월급을 줄 것이라는 신뢰로부터 시작하여, 나와 당신이 함께 안정적으로 일을 끝낼 수 있도록 협업이 가능하다는 신뢰가 쌓여서 작동하는 조직이 회사다.

하지만 신뢰를 얻고, 신뢰를 주는 것이 어려워진 시대가 되면서 당연한 기업의 존재 이유마저 흔들리게 되었다. 결국 사람이 문제였다. 일이 즐겁고, 의미 있고, 나의 성장에 도움이 되려면 결국 같이 일하는 사람이 믿음직해야 하는데 그렇지 않으니 문제가 생긴 것이다. 사람이란 모두 각자의 이해를 갖고 있고, 또 모두 각자의 기준이 다르기 때문이다.

각기 다른 사람이 모인 조직이 믿음은커녕 불신만 가득하다면, 그래서 '누군가로부터 오는 믿음'을 받은 적이 없다면 '나로부터 가는 믿음'을 줄 수가 없다. 과거에는 '개인의 이해'가 '모임의 이익'에 묻혔다. 나의 이익이 약간 손해를 보더라도 모임, 그룹, 조직의 이해가 있다면 묵묵히 참고 견뎌냈다. 하지만 90년대생들에게는 당치도 않은 일이다. 그들은 개인의 이해를 중요시한다. 개인의 이해가 모임의 이익을 압도하다 보니 모임과 그룹, 조직에는 균열이 생기게 되었다. 그렇게 결속력이라는 개념도 희박해져 가고 있다. 결속력에 대한 무작정한 믿음이 사라진 시대에 사람에 대한 믿음까지 희미해진다면 어떻게 될까.

예를 들어 직장에서 매일 얼굴을 봐야 하는, 자신의 근로 조건과 미래, 부서의 성과를 결정하는 위치에 있는 상사에 대한 믿음이 없다면 90년대생은 어떤 자세를 취할까. 아마 그들은 포기를 선택할 것이다. 미련 없이 다른 대안을 선택할 것이다. 일상에서의 말과 행동이 높은 수준의 신뢰를 보여주지 못하는 조직에서 90년대생은 수동적이고 소극적이 되며, 결국 이탈을 시도하게 될 것이다.

하지만 우리 기업들의 조직에서는 서로를 신뢰하는 마음으로 소통하고 있는 걸까. 믿지 못해서 통제와 감시가 일상이 된 부서가 우리 회사 어딘가에 존재해서 조직 전체의 신뢰를 무너뜨리고 있는 건 아닐까.

언젠가 신문에서 이런 답답한 현실을 실제로 보게 되었다. 국내 대기업의 임원이라는 사람이 자신이 맡은 부서에 공지했다는 '근무 규칙'이 그것이었다. 그 임원은 매일 '오늘자 근무 규칙'이라는 것을 공지했다. 그 내용들은 나름대로 부서의 기강을 잡겠다는 의지(?)가 보이긴 했다. 하지만 부서원들을 1퍼센트도 믿지 못하겠다는 그의 생각은 매우 유치했다.

예를 들면 이러한 것들이었다.

- 점심 시간에 식당에 조금이라도 빨리 체킹하면 개인 KPI(핵심 성과지표) 감점한다.
- 점심 시간 외엔 양치하지 마라.
- 컴퓨터 본체는 아래로 내려 모니터를 내가 볼 수 있게 해라.
- 의자에 아무것도 걸지 마라.

초등학생에게도 이런 규칙(?)을 제시했을 때 무시당하지 않으면 다행인데, 다 큰 어른들에게 도대체 이게 할 말인가. 국내 최고의 기업, 아니 세계적 기업에 재직 중인 임원의 입에서 나온 말이어서 더 기가 막히다. 자신이 맡고 있는 조직의 구성원들을 믿지 못하는 상사, 과연 그 구성원들은 그를 신뢰할까? '글쎄올시다' 아닐까. '오는 믿음'이 없으면 '가는 믿음'도 없다.

90년대생과 대화를 원한다면 먼저 믿음을 얻어내야 한다. 그 믿음은 평소 일상의 말과 태도에 의해서 획득 여부가 결정된다. 못 믿을 말, 못 믿을 업무 분장, 못 믿을 평가 등을 접하게 된다면 어떤 사람도 윗사람에 대한 신뢰를 지속하기 어렵다. 그렇게 너그러운 마음으로 직장생활을 영위하는 것은 불가능에 가깝다. 선배로서 스스로의 '신뢰 자본'을 쌓아놓지도 못한 채 90년대생의 믿음을 얻기 바라는 건 도둑놈 심보다.

중견기업에서 대리로 근무하는 90년대생 후배가 있다. 그의 이야기를 경청해보자.

"3월 말까지 마무리해야 하는 큰 프로젝트가 있었어요. 올해 초에 업무 분장이 있었고, 그 업무의 30% 정도는 제가, 나머지 70%는 팀장님이 맡기로 약속했어요. 그런데 팀장님이 일을 자꾸 벌이는 스타일입니다. 결국 1월이 다 지나 2월 초반까지 계속 쓸데없는 일만 잡고 있더니 정작 자신의 일은 손도 못 대더군요. 결국 제가 그 일을 도맡게 되었고, 그 추운 2월 동안 매번 야근에, 주말 특근까지 아주 곤욕을 치렀어요. 일이 끝나고 나니 팀장님이 '과장 진급할 때 확실하게 밀어주겠다'고 하더라고요. 겉으로는 '네, 감사합니다'라고 했지만 속으로는 '미쳤냐? 내가 왜 과장이 되어서 네 밑에 있어야 하니?'라고 생각했죠. 신뢰 없는 사람과는 일하고 싶지 않습니다."

하나 더, 믿지 못할 사람으로 찍히지 않으려면 90년대생 앞에서 제3자 등 타인에 대해 함부로 말하는 습관도 버려야 한다. 90년대생은 '정의'에 민감하다. 자신에 대한 직접적인 부당함이 아니더라도 제3자에 대해 막말을 하는 윗사람에게 신뢰를 보내는 사람은 없다. 자신의 일처럼 생각하기 때문이다. 이들에게는 지나가는 말이라도 '뒷담화'를 하는 건 금물이다.

김 팀장 박 과장에 대해 어떻게 생각해요?

이 대리 박 과장님은 좋은 선배님입니다.

김 팀장 괜찮아요. 솔직히 말해도 돼요.

이 대리 네?

김 팀장 팀장인 나를 못 믿어요?

이 대리 …

이 대리는 겉으로 말은 안 했지만 속으로는 '못 믿겠는데요?'라고 하지 않았을까. 남의 욕을 일삼는 사람들에 대해 90년대생은 '극혐'을 느낀다. '왜 선배들은 만나기만 하면 남의 험담을 하느라 시간을 보낼까. 과연 이런 게 회사생활의 본모습일까' 등에 대해 고민하게 된다. 물론 어쩔 수 없이 '회사란 그런 건가 보다' 하면서 같이 험담에 참여할 수도 있을 것이다. 하지만 그들은 곧 자신의 영혼이 피폐해지는 것을 알아채고, 결국 그런 뒷담화가 언젠가는 자신에게 돌아올 것을 깨닫고 반성한다. 그런 그들을 붙잡아 놓고 '누구는 이렇고, 누구는 저렇고…' 하는 이전 세대들, 과연 믿음을 얻을 수 있을까. 90년대생은 뒷담화의 대상이 되는 누군가의 얼굴보다 뒷담화를 하는 사람의 더러운 입을 더 경계하고 혐오한다는 것을 기억해야 한다.

예전에는 남자가 프러포즈를 할 때 자주 하는 말로 "내가 너를 지켜줄게"라고 말했는데, 요즘엔 이런 말을 들으면 "너나 잘해. 나는 내가 지킬 테니까"라고 받아친단다. 마찬가지다. 과거에는 선배들이 "나만 믿으면 돼. 나만 따라와", "쟤는 조심해야 해"라며 자신만의 그룹을 만들려고 했었다. 이젠 그런 말을 해봐야 후배들에게 '솔직히 당신만 조심하면 될 것 같은데요?'라며 비웃음만 사기 쉽다. 그러니 90년대생을 자신의 편으로 만들고 싶다면 일상의 언어와 행동부터 잘 다듬도록 하자.

평소에는 온갖 잘못된 모습만을 보여주고서는 술자리를 빌려 "내가 너 믿는 거 알지? 내가 누군지 알지?"라고 고래고래 소리 질러봐야 '당신을 믿는다면 내가 바보다'라는 생각이 먼저 들게 될 것이다. 입에서 나오는 말 한마디부터, 90년대생들에게 믿음을 주는 것부터 시작해야 한다.

경계심 때문에 자기방어만 하네요
저도 입사 전에는 경계 따위는 몰랐습니다

"90년생입니다. 전 23살에 일을 시작했어요. 어느 날 사무실이 건조해서 작은 미니 가습기를 가져갔습니다. 제 자리에 두고 작동을 시켰죠. 그날 저녁이었어요. 팀장님이 저를 부르더니 핀잔을 주더군요. '사장님도 가습기가 없는데 말단 사원이 어떻게 가습기를 사용할 수가 있어?' 결국 1년 다니고 회사를 그만두었습니다."

'팀장'을 대신해 사과드린다.
"정말 죄송합니다."

안타깝게도 비슷한 사례는 얼마든지 있다.

"간신히 회식을 마치고 집으로 가고 있는데 81년생인 여자 선배가 노래방으로 오라고 전화를 하더라고요. 그 노래방에는 자기가 잘 보여야 하는 남자 상사들이 많았던 거죠. 몸이 피곤해서 안 갔는데 다음 날 아침 사무실에서 그 여자 선배한테 공개적으로 엄청 깨졌어요. 그 정도 체력으로 무슨 회사를 다니느냐고."

"점심 시간이 제 점심 시간이 아니래요. 12시부터 1시까지인 점심 시간에 20분 만에 밥 먹고 자리에 앉아 있으래요. 커피도 사러 갈 생각하지 말고 사무실에서 전화를 받으라고요. 자기들은 산책가면서 저보고는 사무실에서 전화를 받으라니요? 점심 시간도 이렇게 눈치를 보면서 지내야 하나요?"

"회사에서 인정받으려던 제 욕구요? 쓰레기통에 버렸어요. 자연스레 나 개인의 인생이 우선이라는 생각이 들었어요. 아침에 거울을 보고 화장할 땐 마음을 단단하게 먹습니다. '모진 말에도 웃을 수 있도록 철갑으로 화장을 한다'라고 다짐합니다."

이제 갓 사회에 나온 90년대생들의 고통에 대해 어떻게 생각하는가. 이전 세대가 미처 제거하지 못한, 불합리하고 무지한 고통의 그늘을 그대로 이어받아야 하는 그들에게 미안함을 느낀다. 그리고 한편으로는 여전한 이전 세대의 한심함에 경악한다. 함께 가야 할

90년대생을 왜 이렇게 심리적으로 압박하는가. 그 압박의 수준은 또 왜 이토록 저렴한가. 90년대생, 그들이 떠나고 나서야 아쉬움을 이야기하는 악순환을 언제까지 계속하려 하는가. '복세편살'이라는 신조어를 알게 되었다. '복잡한 세상 편하게 살자'라는 요즘 세대의 마음이란다. 배우 박성웅 씨가 팬들과 메시지를 주고받는 가운데 '복잡한 세상 편하게 살자'라는 내용을 보냈는데, 이 말이 줄어 '복세편살'의 신조어가 됐다니 흥미롭다. 90년대생들은 이 용어에 열광했다. 물론 처음부터 그들이 복세편살의 각오(?)를 다진 것은 아니었을 것이다. 하지만 마음을 굳게 먹고 들어간 직장에서 알게 모르게 상처를 받으며 그저 편한 것만 추구하는 사람들이 되어버린 것은 아닌지 염려스럽다.

개인적으로도 비슷한 경험이 있다. 사회 초년생 시절의 얘기다. 출근길에 가벼운 교통사고가 있었다. 당연히 치료 때문에 그날은 업무를 처리하는 것이 어려웠다. 그때 상사는 나에게 "괜찮아?"라는 위로의 말 한마디조차 하지 않았다. 아니, 오히려 "조심성 없이 사고를 당하는 바람에 업무가 과장인 나에게까지 왔잖아!"라며 핀잔을 줬다. 아니, 내가 일부러 다른 차를 박은 것도 아니고 정지선에 멈춰선 내 차를 다른 차가 와서 박았는데 어쩌란 말인지…. '윗사람이란다 이런 건가?'라는 생각을 했었다. 무의식 속에서 윗사람에 대한 경계심을 갖게 된 계기가 아니었나 싶다.

하지만 어쩌랴. 그렇다고 해서 분노나 짜증을 직접 드러내지는 못하고 꾹꾹 참아야 했다. 함부로 감정을 드러내기 어려운 약자의 입장에 있었기 때문이다. 힘센 사람과 맞서기는 두렵고, 그냥 넘어가자니 나의 영혼이 파괴되는 것 같았다. 하지만 두 가지 기로에서 나는 후자를 선택했고, 지금 생각하면 아쉽다.

90년대생은 아니지만, 30대 초중반인 80년대생 대리 한 명을 알고 있다. 임직원 300명 규모의 화학 분야 회사에 재직 중이다. 영업사원인 그는 자신의 직속 상사를 더 이상 못 믿는다고 했다. 이유는 연초에 있는 목표 배분 과정에 있었다고 한다. 늘 성실하고 성과를 차질 없이 수행하는 그를 보면서 윗사람은 매년 다른 사람보다 20% 이상의 목표를 더 부여했다. 한 해, 두 해는 괜찮았지만 3년이 지나자 지나치게 과중한 목표가 부여되었다. 신경쇠약에 걸릴 지경이었다. 그래서 마음을 단단히 먹고 항의했단다. 그런데…

김 팀장 걱정 마요. 팀장인 내가 도와줄 테니까.

이 대리 왜 저는 늘 다른 사람보다 20% 이상 목표를 더 받아야 하나요?

김 팀장 왜 이리 경계심이 심해? 걱정하지 말라니까.

이 대리 작년에도 그랬는데 올해도….

김 팀장 회사생활 하루 이틀 해요?
이 대리가 힘들 것 같으면 연중에라도 목표 바꿔줄 테니까.

이 대리 하지만….

    하필 이때 대외적인 문제로 경기가 하강 국면에 접어들었다. 몇 년 만에 처음으로 극심한 어려움을 겪었다. 6월이 지날 무렵 팀장을 찾아가서 목표 변경에 대한 요청을 했다. 돌아온 대답은 "조직에서 연중에 무슨 목표를 변경해요?", "뭐라고? 내가 언제 목표를 바꿀 수 있다고 했어요? 이 친구 사람 잡네?"라는 타박이었다. 그러고서는 밑도 끝도 없는 '챌린지Challenge'가 시작되었다. '도전'이라는 이름으로 포장된 '갈굼'이 시작된 것이다. 괴롭힘의 형태는 구차하면서도 치밀했다. 그 형태는 이러했다.

- 이 대리의 말을 이해하지 못한 척하거나, 냉소적으로 대응한다.
- 이 대리가 외근 나갈 때 '왜 가느냐'를 반복해서 묻고, 내근할 때도 '뭐 하느냐'를 수시로 묻는다.
- 이 대리의 업무와 상관없는 작은 트집(예: 화장실을 왜 이렇게 오래 다녀오느냐 등)을 계속 잡는다.

    결국 이 대리는 김 팀장에 대한 믿음과 신뢰를 내려놨고, 그다음 해 다른 팀으로 옮길 수밖에 없었다. 물론 사람을 사귈 때도 첫 만남부터 친해지긴 어렵다. 시간이 흘러야 그 사람의 생각도 알게 되고, 서로 마음의 문도 열게 된다. 하지만 마음의 문을 열기도 전에 믿음을 잃는 관계는 곤란하다. 믿음만 있다면 관계가 약간 어중간하더라도 나름대로 버틸 수 있는 인내심을 유지할 수가 있다. 그러니 틀어진 90년대생과 관계를 회복하고 싶다면 먼저 믿음을 줄 수 있어야 한다는 것을 기억하자.

90년대생의 속마음, 즉 '저도 입사 전에는 경계 따위는 없었던 사람입니다'라는 외침을 읽어내야 한다. 그들의 마음속 외침을 듣지도 못한 채 "왜 그렇게 경계를 두고 살아요?"라고 말해봐야 그건 공허한 울림일 뿐이다. 90년대생과의 경계를 허물고 싶다면 신뢰를 충분히, 분명히 주었다고 생각했을 때 움직여야 한다. 그때서야 비로소 "우리 함께 노력해봅시다"라고 말해도 된다.

상대방의 감정을 배려할 줄 모르더라고요
팀장님의 배려하는 모습을 본 적이 없습니다

'숟가락 세팅 사건'

93년생인 그는 '그 사건'을 이렇게 불렀다. 그가 회사에 갓 입사했을 때의 얘기다. 팀장과 함께하는 점심 시간, 사람 가득 혼잡한 순댓국집에 갔단다. 십여 분을 대기하다 간신히 들어간 자리에 팀장과 과장이 앉고, 맞은편에 자신을 포함한 신입사원 두 명이 앉게 되었다. 다른 신입사원이 물을 따르는 사이, 자신은 숟가락 통을 열어 숟가락과 젓가락을 세팅했는데 팀장의 짜증 섞인 질책을 받았다.

"어이, 이 ○○씨, 공부는 열심히 했는지 모르겠는데, 집에서 가정교육은 잘못 배웠나 보네?"

알고 보니 자신이 숟가락을 세팅할 때 팀장 쪽으로 숟가락의 동그란 부분이 가게 했는데 그게 팀장의 심기를 건드렸던 거였다. 팀장 옆 과장이 인상을 쓰는 게 느껴졌다. 물을 따르던 동기의 당황함도 온몸으로 느껴졌다. 거기서 끝난 게 아니었다. 점심 시간이 지나고 과장이 그를 따로 불렀다. 그리고 하는 말, "당신 때문에 팀장한테 신입 교육 하나 제대로 못 시키느냐고 '지적' 당했잖아!" 나름대로 어렵게 들어간 회사였지만 얼마 후 그는 퇴사했다. 지금은 공무원 시험을 준비 중이다. 듣기 거북하겠지만 또 다른 90년대생의 경험을 소개한다.

> **김 팀장** 오늘 간만에 우리 팀 밖에 나가서 점심식사 할까?
>
> **이 대리** 아, 저는 구내식당에서 먹겠습니다.
>
> **김 팀장** 팀장이 같이 가자고 하잖아요. 무슨 밥을 혼자 먹어요?
>
> **이 대리** …
>
> **김 팀장** 점심식사는 팀 사람들이랑 함께하는 겁니다.
> 그게 다른 사람들에 대한 배려이기도 하고요.
>
> **이 대리** …

말문이 막혀 멍한 표정을 짓고 있는 이 대리를 보며 김 팀장이 마지막으로 한 말은 "다 이 대리를 생각해서 하는 말이에요"였다. 도대체 김 팀장이 말하는 '다른 사람들에 대한 배려'란 무엇일까.

'배려配慮'란 '도와주거나 보살펴주려고 마음을 씀'이라는 의미를 갖고 있다. 즉 배려란 '주는 것'이 핵심이다. 주기는커녕 뺏기나 하고 충돌이나 일삼는 선배, 리더, 팀장과 함께 일하고 싶은 90년대생이 과연 있을까. 충돌이 아닌 화합을 원한다고 말만 하지 말고 실제로 그렇게 행동해야 하지 않을까. 90년대생이 원하는 것, 바라는 것은 사실 별거 아니다. 그저 자신에게 주어진 역할에 충실하고, 그에 따른 성과를 얻어내는 것이다. 숟가락을 세팅하고, 점심식사는 반드시 팀원과 같이 해야 하는 것을 강요해서는 안 된다.

'채현국'이란 사람이 있다. 한 학교법인의 이사장이다. 1935년생인 그는 1945년의 8·15 해방, 1950년의 6·25 전쟁은 물론 1960년의 4·19 혁명 같은 굵직한 현대사를 온몸으로 겪었던 분이다. 그는 민주화 운동을 후원할 정도로 깨어 있는 지식인이었다. 그는 자기 스스로를 늘 반성하면서 "늙으면 뻔뻔해지는 비열한 꼰대들에게 절대 속아 넘어가지 마라"고 경고까지 했다. 그뿐이랴. 한 일간신문과의 인터뷰에서는 무작정 쌓아둔 경험 하나로 아랫사람을 함부로 대하는 인간들을 보면서 "농경사회에서는 나이를 먹을수록 지혜로워지나 자본주의 사회에서는 나이를 먹을수록 욕심 덩어리가 될 가능성이 크다. 이제는 자신이 겪은 경험이라는 게 고정관념인 시대가 되었다. 이전에 먼저 알았다고 주장하는 건 오류다"라고 말했다.

이분의 의견에 전적으로 동의하며, 한편으로 기성세대로서 깊게 반성한다. 90년대생과의 관계에서라면 더욱더 그러하다. 그들은 아직 젊다. 이들과 함께 한 공간에서 일하려면 채현국 씨의 이야기를 염두에 두어야 한다. '먼저 알았다고 해서 모든 게 옳은 것은 아니다'라는 말, 나이를 들수록, 지위가 높아질수록 늘 가슴에 새기고 세상을 바라보는 프리즘처럼 두어야 할 명언이 아닐까 싶다. 그때 알았던 것은 그 시대에 맞는 깨달음일 뿐이고, 사회와 시대는 계속해서 변화하고 발전해왔다. 예전 시대에 맞는 깨달음을 지금, 여기에 무작정 적용하려는 태도는 구태의연하다.

배려로 다시 되돌아가보자. '배려 받음'이란 당연한 권리가 아니다. 아니, '배려를 받는다'라는 말 자체가 우습다. 배려를 안 해준다고, 그것도 자신보다 아랫사람인 약자가 안 해준다고 '징징'대는 것은 추함을 넘어 혐오 그 자체다. 참고로 배려는 강자가 약자에게 보내는 좋은 의미의 도움이지, 강자가 약자에게 바라는 지저분한 접대가 아니다. 옛날 옛적 윗사람이라고 대접(?)받던 시간들을 경험이라고 착각하지 말았으면 한다. 그건 경험이 아니라 숨겨야 할 부끄러움이다. 특히 90년대생과 직접적으로 함께 일해야 하는 80년대생의 경우엔 90년대생의 배려 부족을 탓하기 전에 진정한 의미의 배려가 무엇인지를 확인할 수 있어야 한다.

서로가 생각하는 배려에 대한 뉘앙스를 파악하고 그것을 소통을 위한 이해의 툴로 생각하자. 아직도 90년대생에게 숟가락 타령이나 하다가는 '죽이 잘 맞는 사람'이 되기는커녕 '죽이고 싶은 사람'이 되기 쉽다. 마지막으로 이 말 한마디만 기억해두자.

　"그때는 그때 맞았고, 지금은 지금이 맞다."

사회생활의 기본 상식이 결여되어 있더라고요
비인격적인 대우까지 감수하고 싶진 않습니다

90 SAYS

한 병원에서 매년 '가족의 날' 행사를 열었다. 그런데 그 행사의 프로그램이 희한하다. 간호사들이 '섹시 댄스'를 춰야 했다. 이를 위해 따로 춤 학원에 가서 배워야 했다. 노래방에서의 연습도 필수였다. 특히 의상이 기가 막혔다. 윗사람의 컨펌(?)을 받아야 했는데, 결국 허벅지가 훤히 보이는 핫팬츠에 속옷보다 더 야한 상의를 입어야 했다. 병원장 이하 윗사람들은 그걸 보면서 낄낄댔단다.

이번엔 다른 중견기업의 얘기다. 이 회사에서는 매년 최고경영진이 참석하는 '간담회'를 개최했다. 이때 선발(?)된 몇 명의 여사원들은 '걸그룹 댄스'를, 또 다른 남자 사원들은 '차력쇼'나 '여장 댄스'를 해야 했단다. 도대체 믿을 수가 없다. '월급에는 비인격적인 대우도 그대로 받아들여야 한다는 것이 포함되어 있다'라는 '취업 규칙'이라도 있는 회사였던 것일까. 이게 뭐하는 짓들인가? 이렇게 얘기해도 못 알아듣는 인간이 있다. 그리고 이렇게 불평이나 한다.

"90년대생은 자유분방한 개성을 지닌 존재 아닌가요? 재미있는 걸 좋아하지 않나요? 춤을 추는 것, 자신의 체력을 뽐내는 것에 관심 있는 사람들이 그들 아닌가요? 그걸 공개적으로 시켰다고 해서 뭐가 그리 억울하다고…."

일부는 맞다. 90년대생은 재미있는 것을 좋아한다. 하지만 이것만 빼고 나머지는 다 틀린 말이다. 자신의 멋진 몸매와 개인기를 뽐내면서 재미를 추구하지만 전제가 있다. 그건 그들이 '좋은 사람'과 있을 때의 얘기다. 당신이 이 병원과 회사의 병원장, 대표, 실장, 혹은 팀장이라고 해보자. 당신은 90년대생에게 '좋은 사람'인가? 맞는가? 확실한가? 장담할 수 있는가? 스스로를 좋은 사람이라고 생각한다면 당신이 먼저 90년대생 앞에서 야한 복장에 걸그룹 댄스를 추고, 가죽 팬티 하나 걸치고 차력쇼를 해주길 바란다. 90년대생들이 당신을 보면서 낄낄댈 수 있게 말이다.

기억해야 한다. 90년대생은 "제 월급에는 이런 비인격적인 대우를 받는 비용까지 포함되지 않았습니다"라며 반발할 줄 아는 세대이다. 그들이 잘못한 것이 있다면 고쳐주는 게 마땅하다. 하지만 잘못을 고쳐준다고 나서기 전에 먼저 스스로의 잘못을 돌아보는 게 먼저다. "나도 잘 몰라서 그러는데, 어떤 부분이 문제인지 알려줘요. 잘못된 부분을 고쳐보겠습니다"라고 말할 수 있어야 한다.

'4차 산업혁명, 5G 네트워크의 시대'라는 말들을 한다. 하지만 대한민국에는 아직도 '4차원적인 무지함' 혹은 '5차원적인 강요'만 가득한 조직 문화가 그대로 있는 경우가 흔하다. '까라면 까!'라는 전근대적인 생각으로 90년대생을 다루려는 모습을 보면 화가 난다. 하지만 위안이 되는 소식들이 간간히 들려오니 그나마 다행이다.

> "대한체육회는 도쿄올림픽 개막을 1년 앞둔 이날 '2019 국가대표 선수단의 날' 행사를 열었다. 선수단에 가족까지 초청해 600여 명이 참석한 대규모 행사였다. 결의만 다졌던 다소 무거운 과거 행사 분위기가 바뀌었다. 진행자와 응원단장의 유쾌한 진행 속에 행사장에는 웃음이 끊이지 않았다. 대표 선발, 올림픽 출전 등 힘겨운 여정을 앞둔 선수도 모처럼의 여유에 고민을 지웠다. 얼굴에는 웃음꽃이 활짝 폈다. 선수들은 토크콘서트와 미니올림픽, 장기자랑 등의 행사로 동료, 가족들과 어울리며 즐거운 시간을 보냈다. 또 다양한 경품까지 준비해 선수들의 사기를 끌어올렸다. 가족들과 선수촌을 거닐며 여유를 즐기는 선수도 있었다."
>
> (출처 〈경향신문〉, 2019년 7월 24일)

누가 일하는가. 구성원들이다. 그들의 사기를 원하는가. 진정 그러하다면 섹시 댄스를 추고 차력쇼를 해야 할 사람은 조직의 구성원이 아니라 경영진이요 관리자들이다. 구성원의 얼굴에 웃음이 가득하게 하고, 잘해보겠다는 의지를 갖게 하고 싶다면 치어리더가 되어야 하는 건 윗사람의 몫이지 아랫사람이 아니다. 게다가 지금은 90년대생의 시대가 아닌가. 그들이 누구인가. '하마터면 열심히 살 뻔했다'라고 생각하는 친구들이다. '보람 따위 됐으니 야근 수당이나 줘요'라고 외치는 신인류다.

그들은 앞선 세대와는 전혀 다른 환경에서 성장했다. '디지털 네이티브Digital natives'로서 세상과의 연결에 익숙하며, '수평적 커뮤니케이션'과 '빠른 속도'에 능숙하다. 그런 그들에게 섹시 댄스나 차력쇼를 시킨다? 그냥 일하지 말라는 것과 다름없다. 다른 회사를 알아보라는 무식함 가득한 신호일 뿐이다.

'수평적 커뮤니케이션', 말은 쉽다. 하지만 실제로 이를 수행하는 조직을 찾아보기는 어렵다. 수평적 커뮤니케이션이란 무엇인가. '진정한 평등'이다. 진정한 평등 없이 소통은 불가능하다. 90년대생과 얼굴을 맞대고 있는 이전 세대라면 평등이 무엇인지, 수평적이란 무엇인지에 대해 확실히 아는 것부터 시작해보자.

수평적이라 함은 나와 상대방 모두가 다름에 대해 공감할 수 있을 때 완성된다. 한쪽이라도 공감하지 못하면 소통은 불가능하다.

지루하게 끌고가는 회의 문화, 윗사람이 말하면 무작정 받아 적기만 하는 대화 문화, 자신의 지식을 뭔가 대단한 것인 양 으스대는 윗사람의 연설 문화 등을 바라보며 90년대생들이 진저리를 치고 있음을 알아채야 한다. 그러니 혹시 당신이 5분 이상 침 튀기며 말하고 있다면, 그러는 자신을 발견할 줄 알아야 한다. 그리고 그것을 발견하면 즉시 '나는 후배들에게 아낌없이 주는 나무'가 아닌 '나는 후배들에게 아낌없이 고통을 주는 쓰레기'라는 것을 인식하고 반성부터 하는 게 맞다.

그런데 이전 세대로부터 이런 깨달음을 구경하기 힘든 것이 우리의 현실이라 안타깝다. 그뿐이랴. 어쩌다 하나의 벽을 넘어도 또 다른 벽이 켜켜이 쌓여 있는 경우가 흔하다.

예를 들어보자. 임원과 팀장, 그리고 팀원들이 모인 자리다. 임원이 "좀 더 나은 우리 조직 문화를 만들기 위해 필요한 것들이 있을까요? 허심탄회하게 얘기해보세요"라면서 대화를 이끈다. 92년생이 대리는 그동안 쌓였던 불만을 아낌없이 말한다. 임원 역시 "정말 좋은 의견을 주어서 고맙습니다. 다시 한번 생각해볼 만한 소중한 의견이었습니다"라며 만족감을 드러냈다. 그렇게 모임은 끝났다. 그런데 모임 내내 불만 가득한 표정으로 바라보던 김 팀장이 이 대리를 불렀다.

김 **팀장** 뭐하는 겁니까?

이 **대리** 네, 무슨 말씀이신지요?

김 **팀장** 아무리 이사님이 허심탄회하게 말하라고 했더라도 그렇게 막말을
하면 어떻게 합니까?

이 **대리** 막말이라뇨? 우리 팀에서도 늘 고민이었던 문제 아니었습니까?

김 **팀장** 때와 장소를 가려야죠. 기본과 상식이 있다면….
불만이 있으면 팀장인 나에게 먼저 얘기를 하든지….

이 **대리** …

　　허심탄회하게 말을 해보라고 해놓고선 '네가 어떻게 감히 그렇게 말을 하느냐?'라는 마음을 표현한다면 90년대생은 대화의 문을 닫는다. 소통의 '장인匠人'이 되고 싶다면 사람을 향하는 마음을 철학으로 갖고 있어야 한다. 자기 마음대로 말하면서도 소통을 부르짖는 이전 세대? 남의 뒤통수를 치는 악덕 사기꾼이나 마찬가지다.

모든 일에 부정적인 의견만 내놓습니다
저도 처음부터 이렇지는 않았습니다

90년대생은 결과보다 과정에 집중한다. 그들은 정당하지 않은 1등보다는 당당한 2등의 모습을 기대한다. 최종적인 결과에 연연하기보다는 실패한 결과의 모습들에도 기꺼이 박수를 보낸다. 임용고시에 낙방하고 진상고객을 상대하는 편의점 알바를 견디다 못해 고향으로 낙향한 주인공을 그린 영화 〈리틀 포레스트〉가 90년대생에게 박수를 받고, 스웨덴과의 마지막 경기에서 패한 대한민국 여자 컬링팀이 환호를 받은 이유다.

90년대생은 '졌잘싸', 즉 '졌지만 잘 싸웠다'를 말하는 것에도 익숙하다. 2018 러시아 월드컵에서 예선 내내 속된 말로 '죽을 쓰던' 대표팀이 16강이 좌절된 상태에서 독일을 상대로 2 대 0으로 승리

했을 때 "16강도 못 올라갔는데…"라며 탐탁지 않게 여기던 아저씨, 아줌마 세대와는 달리 90년대생은 '잘했어! 멋지다!'라면서 감탄과 격려를 아낌없이 보내주었다. 그들은 땀을 흘린 모든 노력은 결코 쉽지 않음을 알기 때문에 그래서 그 끝이 성공이 아니더라도 박수를 보낼 줄 안다.

그런데 이런 90년대생이 사회에 나오면서 '나도 어쩔 수 없나 봐'라는 자기부정의 늪에 빠지는 경우가 흔하다. 자존감과 자신감을 잃어버리고 자기비하에 익숙해지게 된 것이다. 고객을 상대하는 일이라면 고객으로부터, 상사를 상대하는 경우라면 상사로부터의 시달림 때문에 그렇게 된 것이다.

예를 들어보자. 직장에서 상사는 지위가 주는 힘을 이용해 아랫사람들에게 많은 행동을 취할 수 있다. 문제 직원을 불러서 속된 말로 '갈구기도' 하고, 회의 때 화를 낼 수도 있고, 심하게는 전체 직원 앞에서 망신을 주거나, 인사고과에 반영해서 실제 페널티를 주기도 한다. 이런 모습들, 적절한지 아닌지는 논외로 하자. 여기서는 자리, 지위, 위치의 유리함을 무자비하게 휘두르는 것에만 익숙한 것은 아닌지 반성해보자는 것이다. 90년대생을 상대로 이런 모습을 보이게 된다면 그 결과는 최악을 예상할 수밖에 없다.

매사에 무기력한 90년대생 직장인의 모습, 그들이 입사할 때부터 그랬을까. 아니다. 알게 모르게 '자신에게 막말을 퍼붓는 사람에게도 겸손하게 대응하는 것이 미덕'이라고 세뇌를 당하면서 자존감을 잃게 되었다. 매사에 조심스러워지다 결국에는 무기력해졌다. 젊은 구성원들이 이렇게 변하는 과정은 생각만 해도 끔찍하다. 이런 조직이 과연 활력이 있을까. 미래를 기대해도 될까. 기업의 입장에서도 향후 10년, 아니 20년 이상 비즈니스 협업의 주요 파트너가 될 90년대생이 부정적이고 소극적인 태도로 무기력하게 존재한다면 그것만으로도 최악의 공포일 테다. 대한민국의 생산과 소비의 중추 역할을 할 핵심 그룹인 이들의 생각을 파악하지 않고는 더 이상 기업, 아니 대한민국의 운명은 장담할 수 없다. 그런데 정작 90년대생은 지금도 고통을 받으며 희망을 잃어가고 있다.

김 팀장 어떻게 할 거예요? 이 문제 때문에 부서 전체가 난리 난 것 알죠?

이 대리 죄송합니다.

김 팀장 죄송하면 답니까?

이 대리 처벌이 있으면 달게 받겠습니다.

김 팀장 내가 언제 처벌 이야기를 했어요? 왜 그렇게 부정적인 겁니까?

이 대리 …

이 대리는 원래 긍정적인 마인드를 갖고 있는 사람이었다. 하지만 '쥐 잡듯이' 몰아대는 김 팀장의 등살에 언제부터인가 부정적인 사람으로 변해버렸다. 이 대리의 속마음은 '제가 원래 이런 놈은 아니었습니다'라는 것임을 알아채야 한다. 90년대생 이 대리와 진심으로 소통을 원하는 김 팀장이라면 한두 번 대화가 어긋났다는 이유로 끝도 없이 타박하는 것으로 대화를 진행해서는 절대 안 됐다. 이런 김 팀장을 윗사람으로 모시고 있는 이 대리에게 능동적이고 긍정적인 조직 구성원이 되기를 바라는 건 무리다. '노력한 실패에 대해서도 박수를 보내는 세대'가 90년대생이라고 말했다. 그들은 실패에 대해서도 박수를 보낼 줄 아는 만큼 자신의 실패에서도 희망의 신호를 받기를 원한다. 무작정의 지시나 통제가 아닌 격려와 응원을 바란다. '원래 부정적이지 않았던' 90년대생을 긍정적으로 만들어내는 건 실패에 대해서도 긍정적으로 받아들일 줄 아는 선배의 태도다.

하나의 팁을 드리고자 한다. 90년대생과 대화를 할 때 마지막은 무조건 긍정적으로 끝내라. 직장 내 상하관계에서의 대화는 부정적으로 끝나기 쉽다. 이때 '하지만'이라는 단어를 무조건 쓰겠다고 생각하라. '하지만' 뒤에는 상대를 향한 긍정적인 말투로 끝내라.

추가적으로 실패의 책임을 개인에게만 돌리는 게 아니라 조직 시스템의 문제로 얘기하는 것도 하나의 팁이 된다. 무엇인가를 절대 개인의 문제로 몰아가지 않도록 하자. 즉 '하지만 + 상대방 긍정 + 시스템의 문제'를 기억해두면 된다. 다음의 사례를 보면서 확인해두자.

"나는 이 대리가 걱정이야."(x)

"나는 이 대리가 걱정이야. 어떻게 앞으로는 잘할 수 있지?"(x)

"나는 이 대리가 걱정이야. 하지만 그래도 이 대리의 역량을 나는 믿고 있어."(O)

"이 대리의 능력이 부족해서 실패한 게 아니야."(x)

"이 대리의 능력이 부족해서 실패한 게 아니야. 하지만 조심했어 야 해."(x)

"이 대리의 능력이 부족해서 실패한 게 아니야. 우리 조직의 시스 템에도 분명히 책임이 있었어."(O)

90년대생을 부르는 단어가 하나 있다. '트로피 키즈Trophy kids'라 는 말이다. 어린 시절부터 독서, 봉사, 바른생활은 기본이요 줄넘기, 축구, 생활 스포츠 대회에 이르기까지 종류도 다양한 트로피나 상 장을 빈번하게 타본 경험이 있음에 주목해서 나온 이름이라 한다. 실제로 그들에게 회사생활 중 언제 보람을 느끼는지를 물어보면 '회사의 성과에 기여했을 때' 혹은 '사회에 보탬이 되는 역할을 했을 때'가 아니라 '상사 혹은 주위 동료들로부터 칭찬을 받거나 인정을 받았을 때'란 응답이 압도적으로 높게 나타났다고 한다. 이런 90년 대생의 특징을 최근에는 대한민국 기업들도 감지하는 듯하다. 많은 기업이 리더의 리더십을 평가할 때 책임감, 추진력 등의 업무 능력보다 부하직원의 니즈를 얼마나 세심하게 배려해주는지로 판단하려는 노력을 한다니 말이다.

그렇다. 이제 90년대생과 대화할 때 '지나치게 개인주의적이다', '끈기가 없어 쉽게 싫증을 낸다'라면서 충고, 조언, 타박, 지적질 하는 것은 그만두도록 하자. 대신 그들의 장점을 아낌없이 찾아내어 칭찬하고 격려하며 인정하고 수용하는 태도를 보이도록 해보자. 변화는 90년대생에게 강요하는 게 아니라, 90년대생을 대하는 이전 세대들로부터 시작된다.

#
90년대생에게
동기부여
하는 법

4장

살짝, 미묘하게 다른 언어의 온도를 알아주세요

: 상대방의 체감온도에 맞는 언어로 소통해야 교감이 된다

팀장님 사실 저도 할 말 참 많은데요...

신뢰를 높이는 말
vs
신뢰를 잃는 말

"92년생 직장생활 3년 차입니다. 얼마 되지 않았지만 입사할 때 가졌던 회사에 대한 생각이 많이 바뀌었습니다. 회사가 저를 먹여 살려준다기보다는 내 실력이 나를 먹여 살린다고 굳게 믿게 되었습니다. 선배들이 말하는 회사에 대한 충성심? 그런 건 솔직히 별로 없습니다."

90년대생은 자신이 일한 만큼 받는다고 생각한다. 인간관계? 특별한 사람이 아니라면 대등관계로 여긴다. 중요한 건 자신의 역량, 실력이기에 소위 아부 등으로 회사에서 '출세'하는 사람을 보면 존경은커녕 우습게 여긴다. 그들은 좋은 사람과 좋은 관계를 맺으려 한다. 믿고 싶은 사람을 믿으려 하고, 믿고 싶지 않은 사람과는 헤어지려 한다. 그들은 의심을 멈추지 않는다. 학교의 울타리를 벗어나 처음 접하게 된 회사에서 듣게 되는 수많은 말이 참을 수 없을 만큼 한심하기 때문이다. 답답함이 실망으로, 실망이 절망으로, 절망이 포기로, 결국 퇴사로 이어지는 길을 걷는 결정적 이유다.

"몰라서 물어보는 건데 오히려 화만 내는 선배를 도대체 이해할 수가 없어요"라며 한탄하던 한 젊은 직장인의 모습이 안타까운 기억으로 남아 있다. '어떻게 그것도 모르냐?'며 면박이나 주고 화내고… 이런 모습이 이어지는 직장에서 믿고 신뢰할 사람을 찾기란 힘들다. 90년대생의 열정을 끌어내고 싶다면, 그 열정을 조직의 성과로 연결하고자 한다면 우선 90년대생의 마음을 어떻게 해서든 조사하고 배워서 인정할 수 있어야 한다. 그들의 불만이 무엇인지, 그들의 기쁨이 무엇인지도 모른 채 아무리 '90년대생이 어쩌고…' 해봐야 그들과 신뢰를 쌓기는 어렵다. 아무리 실력이 좋은 선배라도 그것을 전달하는 방식이 잘못됐다면 의지하고 싶은 선배가 아니라 멀리하고 싶은 선배가 될 뿐이다. 한 90년대생의 말을 들어보자.

"윗세대들에게 세 가지만 말씀드리고 싶습니다. 우선 초면에 직급과 권위에 기대어 반말하는 거, 정말 싫습니다. 겉으로 막 드러내진 않지만 반감이 엄청 생깁니다. '어? 얘가 박 과장이 말하던 바로 그 애야? 반가워!' 생전 처음 본 사람이 보자마자 반말하는 거 적응하기 힘듭니다. 둘째로 겸손하면서 실력을 갖춘 사람은 저희들도 존경합니다. 하지만 그저 그런 실력에 권위만 내세우는 사람은 경멸합니다. 이걸 꼭 알아주었으면 좋겠습니다. 실력이 인간성을 커버하는 건 아니라는 것을 말이죠. 마지막으로 우리들은 아르바이트를 많이 한 세대입니다. 그래서 그런지 '시간은 돈이다'라는 생각이 강합니다. 무의미한 시간의 낭비, 영문도 모르는 야근, 돈도 안 주는 특근에 민감합니다. 우리 회사는 중소기업이고 상황이 대기업 정도로 마음 편하지 않은 건 압니다. 그래도 무임금 야근, 무임금 특근을 아무렇지도 않게 생각하는 건 이해가 되지 않습니다."

　이런 말을 들어본 적이 있는지 모르겠다. 혹시 당신이 중소기업의 경영자라고 해보자. '우리 회사가 중소기업이어서 젊은 친구들이 금방 나가는 거야', '월급이 적으니 그만두는 거겠지'라는 생각에서 머문다면 절대 성장할 수 없다. 90년대생들이 하나둘 이탈하는 조직에 무슨 미래가 있겠는가. 걱정이 된다면 소통 문화의 개선부터 시도해보는 것이 어떨까 싶다. 소통이 되지 않는 곳? 그런 직장에 신뢰란 없다.
　신뢰의 대화, 어떻게 가능한 것일까. 대단한 무엇인가를 90년대생에게 들려주라는 말이 아니다. 아주 작은 것 하나도 언어를 조심하고, 또 편하게 하는 것에서 시작하면 된다.

휴가를 내겠다고 보고하는 90년대생 이 대리의 이야기를 들어주는 김 팀장의 대응을 연구해보자.

이 대리   팀장님, 저 다음 주에 이틀 정도 휴가를 쓰려고 하는데요.

김 팀장   맞다. 지난번에 내가 지시한 건 어떻게 진행되고 있죠?

이 대리   그 건은 퇴근 전까지 보고 드린다고 오전에 말씀드렸는데요?

김 팀장   그랬나? 그나저나 사무실이 답답한 거 같지 않아요?

　　　　　　창문 좀 열어봐요. 근데, 뭐? 휴가라고 했나요?

이 대리   …

김 팀장이 아무리 역량이 뛰어나다고 해도, 성과가 좋다고 해도 그는 결국 무능하다. 사람을 키우지 못하는 리더의 리더십 점수는 '빵점'이다. 90년대생은 불편한 것은 참을 줄 알아도 부당한 것은 참지 않는다. 불편한 것에 맞닥뜨렸을 때 그들은 '필요하다면'이라는 단서하에서는 참아낼 줄 안다. 하지만 부당하다면 인내의 대상으로 여기지 않는다. 자신의 말을 잘 들어주지 않는 김 팀장의 말은 불편함을 넘어 부당하다. 이런 태도에 웃으며 긍정할 90년대생은 없다. 90년대생은 쌍방향 소통, 수평적 소통에 익숙한 세대라는 점을 기억해야 한다.

'갓튜브_God Youtube'로 불리는 유튜브를 보면 알 수 있다. 인기 있는 유튜버의 콘텐츠에서 준엄하게 가르치려고만 하는 '꼰대' 메시지는 찾아보기 힘들다. 잘나가는 유튜버일수록 실시간으로 쌍방향 소통을 하면서 시청자들을 즐겁게 해주려고 최선을 다한다. 실제로 100만 구독자를 보유하고 있는 한 유튜버 커플은 자신들의 성공 비결로 다음과 같은 것들을 언급했다.

- 콘텐츠의 분량은 10분을 넘기지 않는다.
- 콘텐츠는 실시간으로 소통하면서 발전시킨다.
- 콘텐츠는 시청자가 공감할 수 있는 것이어야 한다.

상대방의 시간을 아껴주고, 언제나 대화의 문을 열어두고, 상대의 마음을 인정하는 것, 이 세 가지는 얼핏 보면 별것 아닌 것 같다. 하지만 그들은 이 '별것 아닌 세 가지'로 자신의 유튜브 채널에 수많은 '구독' 클릭을 얻어냈다. 구독이란 무엇인가. 해당 콘텐츠를 '신뢰'한다는 의미다. 과연 우리의 조직은 아니, 당신은 90년대생으로부터 '구독' 클릭을 얻어낼 수 있는가. 팀장인 당신이 맡고 있는 조직의 구성원이 10명이라고 해보자. 10명 중 당신은 몇 명으로부터 '구독'을 얻어낼 수 있는가. 젊은 세대가, 90년대생이 열광하고 빠져들며 신뢰를 아끼지 않는 유튜브 채널의 성공 비결을 참고삼아 우리 조직의 소통 장면에 적용해보자.

예를 들어 당신이 10명의 구성원과 함께하는 리더라고 해보자. 그리고 회의를 한다고 가정하고 다음의 물음에 답해보자.

그렇다고 생각되면 'O', 아니라고 생각되면 'X'에 체크해보라.

- 윗사람이 말하는 분량은 10분을 넘기지 않고 있는가? (O, X)
- 윗사람이 말하는 것은 참석한 부하직원의 공감을 얻고 있는가? (O, X)
- 윗사람이 말하려는 이슈는 실시간으로 소통하면서 개선되고 있는가? (O, X)

어떻게 체크했는가. 아마 대부분 'X, X, X'로 표시할 수밖에 없었을 것이다.

90년대생은 직장 밖으로 한 발짝만 나가면 간결하면서도 공감이 되고 실시간으로 소통이 되는 환경을 누리고 있다. 그런데 다시 직장 안으로 들어오면 지루한 말만 들어야 한다. 공감되는 말은커녕 일방적인 훈계만 계속되는 커뮤니케이션 환경에서 유튜브의 수평적 소통에 익숙한 그들은 입을 떼기조차 싫다. 말하기도 싫은 상대방과 무슨 믿음과 신뢰가 쌓이겠는가. 90년대생과 말이 잘 통하지 않는다면 '유튜브식 수평적 소통의 세상'이 지배하고 있는 세상에서 과연 자기 자신의 소통 방식은 어떠한지부터 알아보는 게 우선일 것이다.

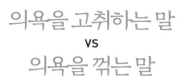

의욕을 고취하는 말
vs
의욕을 꺾는 말

"세대 차이는 극복하는 게 아니라 이해하고 받아들이는 것이다."

이 문장에서 핵심 어휘는 무엇일까. 이해? 아니다. '받아들이는 것'에 포인트가 있다. 아무리 이해해봐야 소용없다. 수학문제를 풀 때 개념을 암기했다고 해도, 정작 문제풀이에 미흡했다면 성적이 오를 리가 없다. 이처럼 90년대생을 '이해'했다고 해서 끝내는 게 아니라 그것을 '받아들이는 것'으로 완성해야 한다. '받아들이는 것', 즉 '수용' 혹은 '인정'이 핵심이다. 어차피 '세대 차이'라는 '간격'은 극복되기 어렵다.

개인적으로 '극복'이란 단어는 상대방에 대한 과소평가의 의미가 담겨 있는 말이 아닐까 생각된다. 극복은 이해, 공감, 수용 그 모든 것이 이루어지고 난 이후에야 비로소 말할 수 있는 주제다. 섣불리 상대방에게 다가서려는 노력에 앞서 상대방이 나에게 다가올 수 있도록 나 자신의 시간과 공간을 열어두는 것이 서로의 거리를 좁힐 수 있는 첫 번째 단계라고 생각한다.

그럼에도 여전히 90년대생을 바라보는 이전 세대의 시선은 수준미달이다. 공감대를 형성하기는커녕 기존에 품었던 적절한 거리마저 더 멀어지게 만든다. 예를 들어보자. 2018년 잡코리아가 구직자와 직장인 4,683명을 대상으로 '직장에 다니면서 받고 싶은 최고의 복지 제도'를 조사했다. 전체 응답자 10명 중 약 4명에 달하는 37.8%가 유연근무제를 꼽았는데, 특히 20대 응답자의 비율이 가장 높았다. 그런데 이 유연근무제 등에 대해 이전 세대와 90년대생이 받아들이는 수준이 다르다는 것이 문제다. 이렇게.

이 대리 팀장님, 다음 달에 유연근무제를 신청하고 싶습니다.

김 팀장 왜요?

이 대리 저녁에 영어공부를 할까 하는데 학원에 가는 시간이 애매해서요.

김 팀장 그런 이유로 선배들도 사용하지 않는 유연근무제를 하겠다고요?

이 대리 …

'선배들도 하지 않는'이란 말, 예전에는 후배들로부터 '그런가 보다'를 이끌어낼 수 있었던 것은 사실이다. 하지만 지금 세상에서 이토록 폭력적인 말이 또 있을까. 적법성은 90년대생에게 중요한 가치다. 그들은 지킬 건 지킨다. 규정이 있으면 그 규정에 따른다. 그런데 그 규정을 지키지 않는, 아니 무시하는 듯한 선배의 마인드가 갈등을 일으킨다. 회사 규정에 따른 유연근무제를 적극적으로 사용할 줄 아는 90년대생에게 '분위기 파악도 못 하느냐?', '감히 후배가?'라는 말은 무식함의 극치다. 한두 명 정도면 괜찮겠다. 그런데 주위의 선배들이 모두 '이 모양, 이 꼴'이라면 90년대생은 아마 소통에 나서는 대신 '자발적 아웃사이더'의 길을 택할 것이다.

이래 놓고는 '요즘 애들? 어려워, 힘들어, 무서워'라는 말을 할 자격이 이전 세대에게 있겠는가. 90년대생들이 '아저씨들? 아줌마들? 어려워, 힘들어, 무서워'라고 말하는 것을 먼저 들을 줄 아는 게 우선이다. 이제 '우리는…, 우리 때는…'이라는 마음들을 버릴 때도 됐다. 버리기는커녕 이제 갓 사회에 나온, 건전한 상식을 지닌 90년대생들에게 무작정 따르라고 한다면 미래는 참으로 암담하다.

하나의 사례를 더 확인해보자. 사람이라면 누구나 해보고 싶은 게 있다. 그걸 미래의 성취라고도 하고, 꿈이라고도 할 수 있다. 그런데 90년대생의 꿈은 이전 세대와 사뭇 다르다는 것을 알고 있는가. 모르면 어떻게 될까. 대화가 어긋난다.

김 팀장 조직생활을 하면서 10년 내에 해보고 싶은 게 있나요?

이 대리 팀장님은요?

김 팀장 음. 저는 멋진 상품 기획 하나 터뜨리고 싶어요.

모든 사람이 인정할 만한….

이 대리 그러시구나. 저는 상품 기획에 관련된 책을 써보고 싶어요.

김 팀장 뭐라고요? 직장생활에 관심 없는 사람으로 보일 텐데요.

이 대리 …

이 대리의 꿈이 회사의 성장에 방해가 된다고 생각하는가. 아니다. 자신이 맡은 분야인 상품 기획에 대한 책을 쓰기 위해 연구하고 인터뷰하며 자신의 실력을 키워가는 과정에서 쌓인 역량은 결국 조직에도 이롭게 작용할 것이다. 김 팀장은 과거 자신이 겪은 과정만이 전부라는 생각을 버려야 한다.

비슷한 사례는 또 있다. 한 출판사에서 팀장급으로 일하는 지인이 해준 얘기가 떠오른다. 언젠가 신입사원에게 커피를 마시다 '꿈이 뭐냐?'고 물어봤단다. 과거에 상사가 자신에게 이런 질문을 하면 주저하지 않고 "잘 팔리는 책 한 권 기획해보고 싶어요"라고 말했던 사람이었기에 신입사원에게서도 비슷한 대답을 기대했다. 그런데 돌아온 대답은 "베스트셀러 작가가 되고 싶어요"였다. 지인은 놀랐다. 아랑곳하지 않고 '천진난만'한 표정을 지으며 신입사원은 말을 이어갔다.

"출판사에서 근무하면서 베스트셀러 쓰는 방법을 알아낼 겁니다. 결국 언젠가는 책을 써서 베스트셀러에 올리고 싶습니다. 그게 바로 제가 출판사에 취업한 이유입니다."

멋지지 않은가. 당돌함을 넘어선 패기가 느껴지지 않는가.

90년대생은 확실히 다르다. 그들은 회사가 주인공이 되는 것만큼이나 자기 자신이 주인공이 되는 것에도 관심이 많다. 먼 미래에 자신의 꿈을 던져놓고 방치하는 대신 '지금, 여기'에서부터 꿈을 향해 한 발을 내디딜 줄 안다. 그렇게 그들은 하루하루 승리하려고 한다. 당장의 승리를 위해 모든 힘을 다하는 '원 나우'에 적극적이다.

원 나우라는 말을 들어봤는가. 'win now'를 한글로 표기한 것인데, 말 그대로 '지금 이긴다'는 뜻으로 프로야구에서 자주 쓰이는 말이다. 현재 한국 프로야구에는 10개 팀이 있다. 그들의 목표는 동일하다. 우승하는 것이다. 그해의 우승에 도전하기 위해 기회를 잡으려고 한다. 시즌 중에 필요한 선수를 다른 팀으로부터 거액의 돈을 주고 데려오기도 하고, 팀의 유망주들을 아쉽지만 포기하고 즉각 전력에 투입될 수 있는 다른 팀의 노장선수와 트레이드 한다. 이에 대한 목표는 단 하나! 지금 이기는 것, 즉 '원 나우'다. 지금 당장의 우승을 노리기 위해서다. 모든 전력을 다 쏟아내겠다는 결의다. 90년대생이 오늘을 살아가는 방식과 비슷하다.

90년대생은 누구인가. 가정마다 다르겠지만 어린 시절에는 나라가 망할 뻔한 IMF를 눈으로 봤고, 학창시절에는 1년에 한 번씩 바뀌는 교육 과정에 혼란을 겪었으며, 대학에서는 구시대적 유물인 구타 집합을 당했고, 졸업하고 사회에 나오니 역대 최악의 실업율과 비정규직 양산으로 시한부 직장에서 전전긍긍하는 세대가 아닌가. 그래서 그들은 현실 지향적이다. 철저하게 현실에 기반을 두면서도 미래의 위험에 민감하다. 그래서일까. 미래에 대한 섣부른 기대보다는 오늘의 성과에 관심이 더 많다. 이런 그들의 경험을 알아챘다면 그들이 세상을 살아가는 방식에 대해 "취향이군요. 존중합니다!"라고 말할 수 있어야 한다. 그들의 '원 나우' 의욕을 최대한 살리면서도 조직의 업무에 함께 녹여낼 수 있도록 격려하는 모습이 조직 문화 전반으로 확산되어야 하는 이유다.

능력을 인정해주는 말
vs
능력을 감추게 만드는 말

직급상의 이유로, 혹은 나이 때문에 '내가 아랫사람이니까 당하는 게 맞지'라고 생각할 수밖에 없는 환경은 슬프다. 90년대생은 이를 극복하려 한다. 이전 세대가 참아낸, 아니 회피한 환경을 이겨내려 한다. 무기력한 수동성이 지배하는 조직의 틀을 하나하나 극복 중인 것이다. 그 과정에서 90년대생들은 거꾸로 선배들에게 깨달음을 주기도 한다. 중건기업에서 신입사원 교육을 담당했다는 분은 이렇게 말했다.

"신입사원 입문 교육에서 발표 자료를 만들 때 조원이 함께한 사진을 찍어서 표지에 넣으라고 말했습니다. 그런데 90년대생인 신입사원 한 명이 이렇게 되묻더군요. '꼭 조원끼리 모여서 찍은 사진을 넣어야만 하는 건가요? 왜 그래야 하는 거죠?' 그때서야 깨달았습니다. 90년대생에겐 무엇인가를 하는 이유와 정당성이 중요하다는 것을 말이죠."

윗세대의 말에 따르지 않는 것, 누군가는 이를 부정적으로 볼 수도 있겠지만 개인적으로는 환영한다. 자신의 생각을 말할 줄 아는 90년대생이 많아졌으면 좋겠다. 직장에서 소통의 벽에 부딪혀 감정을 숨기고 자신을 드러내지 않으려고 하는 것보다 훨씬 낫다. 사실 윗사람의 말에 무조건 따라야 할 이유는 없지 않은가.

유교적 전통을 말할 때 나오는 말이 '장유유서長幼有序'다. 어른과 아이 사이에는 순서와 질서가 있다는 뜻이다. 하지만 이 말만큼 왜곡되어 현대에 사용되는 말이 또 있을까 싶다. 그 이유는 다음과 같다. 첫째, 순서와 질서를 말하는 것이지 '막 해도 된다'는 게 아니다. 둘째, 이게 더 중요한데 '어른'과 '아이'의 개념 정립이 먼저다. 아이는 아이다워야 한다. 맞다. 하지만 그보다 먼저 어른이 어른다워야 한다. 어른의 말과 행동이 아이의 말과 행동보다 못하다면 애초에 장유유서란 말 자체는 성립되질 않는다. 장유유서란, 어른이 다 맞고 아이는 무조건 따르라는 뜻이 아니다. 나이가 많은 사람의 말은 무조건 있는 그대로 받아들여야 된다는 것도 아니다. 어른이 어른다워야 하는 게 우선이다. 그리고 나서야 비로소 아이가 아이답지 못할 때 제대로 된 순서와 질서를 말해주는 것, 이것이 진정한 장유유서다. 어른이 어른답지 못하면 아이는 그것을 따를 필요가 없다. 아니, 따르면 안 된다. 따르지 않도록 교육시켜야 한다. 그게 맞다. 나이가 많다고, 직급이 높다고, 무작정 따르라는 건 90년대생에겐 '무자비한 권위주의'일 뿐이다. 유교의 장유유서로 포장하는 짓은 비겁하다.

　지금의 주인공인 90년대생에게 무작정의 업무 지시나 업무 배분은 통하지 않는다. 선배라면, 리더라면 왜 이 일을 해야 하는지를 그들에게 차분하게 설명할 수 있어야 한다. 일하는 이유도 제대로 설명해주지 않고 무차별적으로 업무를 지시하는 선배의 말에 자신의 역량을 발휘하고 싶은 90년대생은 없다.

김 팀장 엑셀 프로그램 함수 좀 쓸 줄 아는 사람이 누구였죠?

이 대리 제가 좀….

김 팀장 맞아, 이 대리가 엑셀 프로그램 잘 다룬다고 했죠?
　　　　　잘됐네. 얼른 이거 좀 정리해주세요.

이 대리 팀장님이 오늘까지 올리라고 한 기획서가 아직 안 끝났는데요?

김 팀장 이 대리가 아니면 누가 해요?
　　　　　'아삽(ASAP; As Soon As Possible, 가능한 한 빨리)'입니다.

이 대리 …

할 줄 안다고 해서 무조건 해야 한다는 게 옳은 업무 배분일까. '할 줄 아니까 당신이 하라!'는 말은 얼마나 폭력적인가. 이런 말을 듣는 90년대생은 과연 어떤 마음이 들까. 이런 일이 한 번, 두 번 반복된다고 해보자. 과연 그들이 자발적으로 자신의 역량을 표현할까. '능력 덩어리'인 90년대생을 '무능 덩어리'로 만드는 건 '당신이 제일 잘하니까 당신이 좀 해라'는 선배의 말이다. 90년대생의 능력을 조직의 성취로 이끌어내고 싶다면 무작정의 지시나 명령보다는 '당신이 제일 잘하니까 당신의 의견부터 존중하겠다'는 말부터 시작되는 게 맞다. 이쯤에서 나의 무지함을 반성한다. 몇 년 전의 일이다. 그때 당시 갓 서른 살이 된, 한 대기업 기획팀에서 근무 중인 여성분이 나에게 자신의 고민을 털어놨다.

"프로젝트를 진행하면서 디테일한 프로세스 문제를 두고 팀장님과 의견 충돌이 있었습니다. 처음에는 서로 의견을 조율해보려고 얘기를 시작했는데 점점 서로 발끈하는 바람에 서둘러 마무리하려다 보니 끝내 언짢은 기분에서 대화가 종료되고 말았어요. 그런데 계속 같이 일해야 하는 입장에서, 게다가 아무래도 후배인 저로서는 어떻게 대처해야 할지 좀 난감하더라고요. 아무 일 없었던 듯 다시 업무를 진행하긴 했지만 왠지 팀장님이 저한테 안 좋은 마음을 품고 있는 것 같아서 괜히 찜찜하고요. 크건 작건 충돌이나 마찰이 빚어진 상황에서 다시 커뮤니케이션을 할 때 어떻게 하는 것이 옳은 방법일까요? 아무 일 없었던 듯이 오히려 유쾌하게 대하는 게 맞는지, 아니면 차가운 톤을 유지하는 게 맞는지, 그도 아니면 그냥 모른 척하고 있는 게 나은 것인지 여전히 잘 모르겠어요."

그때 나는 이렇게 답변을 해줬다.

"당신이 잘못했습니다. 직속상사인 팀장님과 트러블이 있었다고요? 그냥 당장 아이스 라떼 한잔 사갖고 가서 서로 오해를 푸세요. 윗사람 무서운 게 뭔지 모르죠? '선배는 허접해도 선배의 주변 사람들은 허접하지 않다'라고 생각하고, 원활한 커뮤니케이션을 시도하는 게 좋다고 생각합니다."

이 자리를 빌려서 사과의 말씀을 드린다. 나의 대답은 잘못됐다. 부끄럽고 창피하다. 어떻게 이런 말을 충고라고 해준 것일까. 지금은 그렇게 생각하지 않는다. 불합리한 상황이라면 의견 충돌이 있는 게 정상이다. '좋은 게 좋은 거다'라면서 대충 넘어가는 것이 비정상이다. 의견 충돌이 문제가 되어 윗사람으로부터 불합리한 처우를 받게 되면 지방노동청에 고발장을 들고 가는 게 옳다. 실제로 90년대생은 그렇게 한다고들 한다. 자신의 의견을 적극적으로 표현하는 것에 익숙하지, 죽는 시늉이나 하면서 고분고분하게 있지 않는 것이다.

그들은 자신이 인정받는 영역 내에서 주체적으로 자신의 목소리를 내며, 자신이 참여한 의사결정을 통해 업무를 완성하길 바란다. 그게 그들이 능력을 발휘하는 방식이다. 그런 90년대생에게 무작정의 업무 배분을 한다면, 아마 90년대생들은 자신들의 능력을 숨겨버릴 것이다. 90년대생이 자신의 능력을 유감없이 발휘할 수 있게 하고 싶다면 업무 하나를 지시할 때에도 민감도를 발휘하여 조심할 일이다.

솔직해서 좋은 말
vs
솔직해서 망치는 말

90년대생은 오늘을 산다. 미래를 담보할 수 없는 삶에 익숙하다. 직장에 대한 기대도 마찬가지다. 한번 회사에 들어가면 미래를 어느 정도 예측할 수 있었던 이전 세대의 마인드와는 다르다. 그래서일까. 90년대생에겐 '지금 맛있는 것', '지금 쉬는 것'이 '먼 미래를 위한 저축', '출세를 위한 야근'보다 더 중요하다. 이에 대해 "꿈도 없이 지금 쉬겠다고? 그런 90년대생이라면 나는 이해할 수도 없고 또 이해하고 싶지도 않다"라고 충고하는 기성세대들이 대부분이다.

나는 90년대생의 모습이 무작정 나빠 보이지는 않는다. 아니, 오히려 우리 기성세대가 못했던 것들을 이루어내고 있는 것 같아 뿌듯하다. 우리의 자녀들은 90년대생의 세상에서 살 텐데, 그렇다면 지금 90년대생이 원하는 세상은 우리 아이들에게도 좋은 것 아닌가. 사실 기성세대, 즉 7080세대 직장인들도 경직되고 경쟁하는 세상이 처음부터 좋아서 그러고 살진 않았다. 어쩌다 보니 이 세상에 굴복하고 꼰대가 되어버렸다고 보는 것이 맞다. 그래서 90년대생들의 '다소 개인적인 태도'에 수긍하는 것이다.

아마 90년대생도 입사할 때만큼은 열정이 가득했을 것이다. 처음부터 그렇게 잇속만 챙기는 세대가 절대 아니었다. 하지만 직장에서의 고된 경험들이 하나둘씩 쌓여나가면서 자기 자신을 챙기려고, 정확히는 자기 자신을 방어하려고 개인적인 성향을 날카롭게 드러내게 된 건 아닌지 짐작해본다. 실제로 한 90년대생도 비슷한 취지의 이야기를 했다.

"첫 직장에 들어갔을 때 가능하면 정해진 업무 시간 안에 업무를 끝내고 퇴근 시간이 되면 제대로 퇴근하는 것을 목표로 했습니다. 하지만 상사인 부장님의 눈에는 '쟤는 6시만 되면 엉덩이를 붙이고 있지를 못하네?'로 보였나 봅니다. 늘 5시가 넘어서야 새로운 업무를 주더라고요. 시간 맞춰 퇴근하고 싶은 저는 덕분에 업무 처리 속도 하나는 빨라졌습니다. 하지만 부장님과 저의 눈치싸움은 계속 이어졌고, 결국 다른 회사로 이직했습니다. 지금은요? 그렇지 않은 상사를 만나서 정말 좋습니다."

이런 사례는 또 어떤가.

김 팀장 우리 출근 시간이 몇 시예요?

이 대리 9시입니다.

김 팀장 9시 기준이 뭐예요?

이 대리 출입문에 태그를 하는 순간입니다.

김 팀장 이러니까 아무 생각 없다는 말을 듣지….

PC까지 켜고 업무 준비가 완료된 상태를 말하는 건데….

이 대리 …

30분 먼저 일찍 와라? 10분 전에는 책상에 앉아서 준비해라? 물론 나 역시도 김 팀장의 얘기가 합리적이라고 생각한다. 하지만 왜 30분 먼저 일찍 와야 하는지, 왜 10분 전에 책상에 앉아 있어야 하는지에 대해 의문을 제기하는 이 대리의 생각도 마찬가지로 합리적이다. '양비론'으로 도망치는 것 같긴 하지만 분명한 건 '그때는 그 사람들이 맞았고, 지금은 이 사람들이 맞는다'고 할 수밖에 없다.

결국 서로의 합리성을 적절한 수준에서 조화시키는 것이 중요한 것이다. '그들의 합리성과 우리의 합리성은 다르다. 하지만 모두 옳다'라는 마음이 필요한 것이다. 조금씩 양보하는 마인드가 아닌 "9~18시 근무인데, 9시에 도착하는 게 왜 문제가 되는 거죠? 10분 일찍 오면 돈을 더 주는 건가요?"라며 인상을 쓰는 90년대생에게

"10분 늦게 온다고 덜 주진 않잖아?"라고 말하는 이전 세대가 있는 조직 문화라면 글쎄, 건강한 인간관계를 기대할 수 있을까.

출퇴근 시간에 관한 세대 간 갈등 문제는 이것 말고도 많다. 한 중견기업에서 근무했다는 90년대생의 말을 들어보자. 그는 늘 1시간 전에 출근했다. 출근하자마자 노트북을 켜고, 일정을 체크하면서 하루를 준비했다. 그리고 사내 카페에 들러 카페라테 한잔을 마시면서 여유를 찾았다. 그리고 출근 시간 10분 전에는 제자리로 돌아와 앉아 있는 루틴을 갖고 있었다. 그런데 어느 날 팀장이 자신을 불렀다. 그리고 "출근을 했으면 팀장 눈에 보이는 곳에 있어야죠. 어딜 그렇게 돌아다녀요?"라며 핀잔을 하더란다. 자신도 모르게 입으로는 죄송하다고 말했지만 돌아서서 생각해보니 여간 억울한 게 아니었단다. '그냥 회사 분위기가 그러려니' 하고 스스로를 다독였다는데, 기성세대로서 괜히 이 친구에게 미안해졌다. 도대체 왜 자신의 직위를 이용해 쓸데없는 잔소리를 하는 것일까. 물론 90년대생이 모두 잘한다고 일률적으로 말할 수는 없다. 81년생 중간관리자가 겪었다는 다음과 같은 사례도 흔치 않게 들리고 있다.

"81년생입니다. 일주일에 두세 번, 5분에서 10분씩 지각하는 90년대생 팀원이 있습니다. 지각이 습관이 된 친구죠. 며칠 전에도 여지없이 출근 시간 30분 전에 이 친구에게 문자가 왔더군요. 늦잠을

자서 지금 일어나 지각을 할 것 같다고. 그리고 그다음 날 또 몇 분을 지각했습니다. 화가 났습니다. 그 친구를 불렀죠. '어떻게 이럴 수가 있습니까?' 그 친구가 억울하다는 표정으로 반문하더군요. '늦은 건 잘못했는데요…. 그렇다고 제가 팀장님으로부터 이렇게 큰소리를 들을 만큼 늦은 건 아니잖습니까?' 말문이 막혔습니다."

그는 이어서 "배려는 당연하게 여기면서 당연히 해야 할 것에 대해 소홀한 것이 90년대생의 특징인가요?"라면서 아쉬움을 토로했다. 그의 말에서 '미지의 세계에 발을 들인 당혹감'이 느껴졌다. 하지만 그럼에도 불구하고 '참아내야 할 것이 선배의 몫 아닐까요'라고 말해주고 싶었다. '어떻게 이런 생각을 하지?', '어떻게 이런 행동을 하지?'라는 이전 세대의 생각은 인정한다. 하지만 깨달아야 한다. '아, 내가 더 이해해야겠구나. 내가 더 알아내야겠구나. 더 공부해야겠구나.' 결국 이들을 끌어안고 원하는 목적지로 가야 할 사람은 자신이라는 것을.

"9시에 업무를 바로 시작할 수 있게 하는 건 직장인의 기본 예의 아니에요?"라며 인상을 쓰는 것은 이전 세대의 솔직한 생각일 수 있다. 하지만 여기에서 '솔직함'이란 단어에 대해 다시 한번 생각해 봤으면 좋겠다. 솔직하다는 것은 상대방의 입장에서 자신의 생각을 다시 한번 고민해서 말할 때 의미가 있지, 무작정의 솔직함은 경솔일 수 있다.

90년대생이 '어쩌라고요?'라면서 치고 나올 때도 차분하게 대화를 나누겠다는 생각을 먼저 해보는 것이 솔직함에 앞서야 한다. 'The honesty is the best policy(정직이 가장 좋은 정책이다)'라는 옛말이 있지만, 상대의 감정은 고려하지 않은 채 '나만의 솔직함'만을 순진하게 내세우다가는 서로에게 상처를 입히며 걷잡을 수 없이 관계를 악화시킬 것이기 때문이다.

자신의 감정에 솔직하기만 한다면 상대를 '남'으로 만들 수 있다. 하지만 남에게 정직하되 감정을 통제할 줄 안다면 상대를 '님'으로 만들 수 있다. '남'과 '님'은 자신의 지나친 솔직함을 얼마나 통제하느냐에 달렸다. 늦지 않았다. 이제부터라도 90년대생과 소통을 원할 때 그들이 당신을 '남'으로 여길 것인지, '님'으로 받아들일 것인지를 고민하면서 한 박자 쉬고 대화에 임하면 어떨까. 최소한 솔직함 때문에 관계를 망치는 우를 범하는 것만큼은 피할 수 있을 테니 말이다.

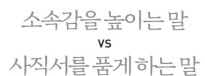

소속감을 높이는 말
vs
사직서를 품게 하는 말

"프레젠테이션 할 때 슬라이드 하나 잘못 넘길 때마다 손가락 하나씩 잘라버릴 테니까 잘 준비해라."

"왜 자꾸 자리에서 일어나는 거야? 어디 아파? 정서불안이야?"

"남자친구 있다고? 애인 하나는 만들어둬야지? 나 어때?"

"애 없는 사람이 오버타임 해야지?"

'직장 내 괴롭힘'의 사례들이라고 수집된 말들이다. 대한민국에서 벌어지는 일이라고 믿고 싶지 않다. 참고로 우리나라의 일만은 아닌 것 같다. 2019년 국제노동기구ILO 100주년 선언에서 '일의 세계에서 폭력과 괴롭힘의 근절' 협약과 권고를 채택했으니 말이다.

국제보건기구WHO도 직장 내에서의 스트레스를 그냥 보고만 있지 않았다. '번아웃 증후군'을 '제대로 관리되지 못한 만성적 직장 스트레스 질환'으로 정의하고, 의학적으로 인정된 질병으로 공식 등록했다. 우리나라에서 최근 시행된 '직장 내 괴롭힘 금지법'도 이런 맥락에서 우리 사회가 나름대로 관리에 들어간 것이라고 본다.

직장 내 괴롭힘의 이유는 무엇일까. 나는 바로 '상대방에 대한 무지無知'로부터 비롯된다고 생각한다. 예를 들어보자. 최근 대한민국의 회사 주변 식당들이 매출 감소로 크게 고전하고 있다고 한다. 그 결정적인 이유 중 하나가 저녁 회식의 급감이란다. 물론 식당 자영업자들에게는 대단히 송구한 얘기이기는 하지만, 이런 원인 분석을 들을 때마다 기가 막힌다. '그동안 조직의 구성원이 윗사람의 저녁 식사 동행 요구에 얼마나 많은 스트레스를 받아왔을까?'라는 생각이 들었다.

언젠가 작은 프랜차이즈 회사에서 임원으로 재직 중인 70년대생이 "90년대생들이요? 걔네들한테는 저녁에 술 한잔 하자고 말하기도 어려워요. 인상부터 찡그리던데요? 어쩔 수 없이 만만한 80년대생 직원과 저녁을 먹습니다"라고 말하는 것을 듣게 되었다. 속으로 생각하는 것에 그치긴 했지만, '80년대생은 무슨 죄인가요?'라고 되묻고 싶었다. 일이 있으면 혼자 밥을 해결하면 되는 것 아닌가. 왜 부하직원이 같이 밥을 먹어줘야 하는가. 야근? 업무의 연장이다.

상사와의 저녁식사? 마찬가지로 업무의 연장이다. 이전 세대는 "밥이나 먹고 가지? 야근 수당은 밥값으로 대신할 테니", "술이나 한잔하고 가지? 법인카드 한도가 남아서 그거 다 쓸 거니까"라고 말하면서도 부끄러움을 느끼지 못했던 것이 사실이다. 회식을 해야, 함께 저녁식사를 하면서 소주 한잔이라도 같이 해야 소속감이 높아진다고 생각하는, '가족 같은 회사'를 만들겠다고 말하면서 정작 'X 같은 회사'를 만들어버리는 그 어처구니없는 마인드를 버리지 못하는 사람이 아직도 조직에 있다면, 그들부터 퇴출되어야 한다. 1차도 모자라 2차로 노래방까지 우르르 끌고 가서는 모두 앞으로 나오게 해서 '우리 만남은 우연이 아니야'라며 합창을 강요하는 인간들은 이제 사라져줬으면 좋겠다. 삼겹살집에서야, 노래방에서야 비로소 '우리의 의미'를 찾을 수 있는 관계, 한심하지 않은가.

  이웃 일본이라고 다를 것도 없다. 일본의 직장인들도 처지는 비슷했다. 하지만 지금은 혼자서 점심심식사를 하는 직장인이 많다고 한다. 그 이유는 '점심 시간은 업무와 별도의 개인 시간이다. 누구에게도 방해받지 않고 내가 하고 싶은 대로 시간을 보내고 싶다'라는 생각 때문이란다. 우리나라의 젊은 직장인, 90년대생들도 비슷한 생각을 갖고 있다. "회식 끌려가는 거, 짜증납니다", "왜 나이 마흔 넘은 사람들이 우리랑 놀려고 하는지 모르겠습니다", "이제 그만 놀아주고 싶습니다. 우리가 자기들 하고 있는 걸 좋아하는지 알아요"

등 불만은 끝이 없이 나오고 있다. 언젠가 90년대생인 한 회사원이 직장인들을 위한 커뮤니티 게시판에 다음과 같은 질문을 올린 것을 보게 되었다.

제목 회식 빠지면 왜 안 되는 거죠?

내용 일이 있거나 몸이 안 좋아서 회식을 최근 한두 번 빠졌습니다. 어제 부장님이 부르더니 이렇게 말씀하셨어요. "○○씨, 회식 자주 빠지면 안 좋아요. 얼굴을 자주 보여야죠." 별 일 없고 컨디션 좋을 때는 모두 참석해왔는데 이런 말을 들으니 황당합니다. 회식 안 가면 무슨 큰일 나나요? 뭐가 안 좋다는 거죠?

이 질문에 대해 또래들이 위로와 함께 공감의 댓글을 썼는데 그 내용 하나하나가 흥미로웠다.

"부장님이 싫어함. 그래서 빠지면 안 됨."

"부장이 개꼰대라 그런 것임. '그런가 보다' 하셈."

"아직도 그런 인간이 있음? '그냥 제 예산까지 맛있게 드세요'라고 말해버려."

"병신들. 그렇게 술 쳐 먹다가, 잔 돌리다가 위암이나 걸려라."

이제까지 우리는 회사생활을 위해서는 조직에 순응해야 된다고 수없이 들었다. 그래서 가족보다는 회사에서 더 많은 시간을 보내고 인생을 바쳤다. 이제는 그러한 이야기들은 낡은 구호가 되었다. 야근을 해라, 개인적인 삶을 포기하라고 말하는 순간, 90년대생은 사직서를 마음에 품는다.

김 팀장 회의 끝나기 전에 미리 말씀드려야겠네요.

내일 모레 수요일에 저녁 약속 잡지 마세요.

이 대리 네? 저 그날 약속이….

김 팀장 무슨 약속인데요?

이 대리 친목 모임에서 연말행사 준비해야 해서요.

김 팀장 별거 아니네. 수요일에 이사님이 우리 팀 밥 사준답니다.

한 명도 빠짐없이 모두 참석하세요.

이 대리 …

'한 명도 빠짐없이 전원 참석'이라는 말 자체가 폭력적이다. 이런 말들이 오고 가는 조직은 보나마나 경직되어 있을 것 같지 않은가. 회식으로 소속감을 높이겠다고? 소속감을 높이기는커녕 이직을 고민하게 만드는 말 아닌가. '괴롭힘' 혹은 '갑질' 등 직장 내 스트레스와 트라우마의 근원은 업무보다는 인간관계로부터 나오는 경우가 압도적으로 많다. 밑도 끝도 없는 '회식 문화', 파당을 지어 줄 서지 않는 자들을 배제하고 왕따시키는 '갑질 문화', 무뢰배 같은 상사들의 영혼을 파괴하는 거친 말들이 난무하는 '폭력 문화'가 대한민국 기업에서의 문제였던 것이다.

90년대생은 더 많은 월급보다는 일과 삶의 균형을 추구한다. 합리적인 선택이다. 이전 세대와는 다른 가치관으로 무장한 이 90년대생이 당분간 우리의 미래다. 그들의 소비 패턴과 추구하는 삶의 목적은 80년대생, 그리고 그 이전 세대와는 다르다. 자신의 시간과 공간, 그리고 자존감을 중요하게 생각하는 그들에 맞추지 못하는 기업이라면? 글쎄, 90년대생 등 조직의 젊은 구성원들이 가슴에 사직서를 품는 데서 그치는 게 아니라 '과감하게' 사직서를 제출하는, 그렇게 인력 유출을 바라만 보고 있어야 하는 위험에 맞닥뜨리게 되지 않을까.

마음의 벽을 허무는 말
VS
철벽 치게 하는 말

스포츠에는 '마(魔)의 벽'이라는 용어가 있다. 한때 육상 1마일 달리기에서 마의 벽은 '4분'이었다. 이런 말까지 있었다. '만약 1마일을 4분 안에 뛴다면 인간의 심장은 견디지 못하고 파열할 것이다.' 영국 옥스퍼드대학 의대생 '로저 배니스터'라는 아마추어 육상선수가 마의 벽에 도전했다. 그리고 1954년 5월 6일, 그는 세계 최초로 1마일 4분의 벽을 깨고 '3분 59초4'의 기록을 세웠다. 그런데 더 놀라운 일은 그 뒤에 일어났다. 4분 마의 벽이 깨진 후 한 달 뒤에 10명, 1년 후에 37명, 그리고 2년 후에는 300명이 넘는 선수들이 4분 마의 벽을 훌쩍 뛰어넘은 것이다. 어떻게 된 일일까. 혹시 우리가 넘을 수 없다고 생각하고 있는 '마의 벽'은 처음부터 없었던 것은 아닐까.

어쩌면 우리 마음속에 있는 두려움과 고정관념이 그 벽을 만든 것은 아닐까. 마찬가지로 현실의 높은 벽을 뛰어넘기 위해서는 우리 마음속에 있는 벽을 먼저 깨야 하는 것일지 모른다.

90년대생을 넘을 수 없는, 이해할 수 없는 '마의 벽'으로만 생각해서는 절대 그들과 화해할 수 없다. 세대 간의 차이는 어쩌면 1954년 당시 1마일을 4분 이내에 들어오는 것보다 더 해결하기 어려운 과제일지도 모른다. 하지만 믿고 싶다. 그들과 소통하려는 것이 '마의 벽'처럼 느껴지더라도 한번 그 벽이 허물어지면 그 어느 세대보다도 소통이 원활하게 될 것이라고 믿는다. 단 마냥 기다려서는 안 된다. 90년대생과 이왕이면 빠른 시간에 화해할 수 있는 구체적 노력, 필요하다면 '노오력'이라도 하는 게 맞다. 그렇다면 어떤 노력 혹은 노오력이 필요할까.

90년대생과 소통을 위한 노력 중 하나로 '액션Action', 즉 '모습으로 보여주기'를 제안한다. 90년대생에겐 말보다 행동이 더 효과적이다. 예를 들어 칭찬할 때도 입으로만 하는 것에서 그치면 심심하다. 90년대생을 칭찬할 때는 엄지손가락 하나라도 척 들면서 하는 게 좋다. 적극적인 액션을 보여주면서 그들과 소통하려 할 때 90년대생은 자신들이 인정받고 있다는 안정감을 느낀다. 자신을 보면서 최고라고 말해주는 선배들을 향해 얼굴을 찡그릴 90년대생은 없다.

마음의 벽을 허무는 데는 유머도 적절히 사용하면 좋다. 단, 소통을 위한 도구로 활용하겠다고 되도 않는 유머를 사용하는 것은 금물이다. 괜한 불쾌감만 줄 뿐이다.

김 팀장 이 대리, 요즘 '별일' 없어요?

이 대리 네. 괜찮습니다.

김 팀장 그래요? 그럼 '달일'은?

이 대리 네?

김 팀장 하하하. 느리긴. 그것도 못 알아들어? 유머예요, 유머! 조크!

이 대리 …

약자의 지위에 놓인 이 대리는 본능적으로 안다. '그의 유머를 내가 얼마나 존중해주느냐에 따라 나에게 미치는 자신의 힘을 측정하려고 한다. 만약 내가 무시한다면 자신의 힘이 미치지 못한다고 생각해 싫어할 것이다.' 어쩔 수 없이 이 대리는 쓴웃음이라도 짓게 된다. '감정노동'이 다른 게 아니다. 이런 게 감정노동이다.

타인의 감정을 훼손하는 사례는 이외에도 쉽게 찾아볼 수 있다. 특히 '성인지 감수성'에 관한 문제가 그것이다. "여자가 좀 화장도 하고 예쁘게 하고 다녀야지?", "나중에 아기 가질 사람이 담배를 펴서야 되겠어?" 등의 말들, 과거에는 어떻게 그냥 넘어갔을지 모르지만 지금은 단지 무례함이나 기분 나쁨을 넘어 법적으로 문제가 될 만한 말들이다. 어디 성별에 관한 문제뿐일까. 신체 조건, 사회적 신분, 정치 성향, 가족 상황 등도 극히 조심해야 할 대화의 주제들이다. 말 한번 잘못했다간 90년대생의 마음에 철벽을 치게 만들기 딱 좋다. 90년대생에게는 과거 세대의 흘러간 유머(스스로 재미있다고 믿는 유치한 말장난)가 '소처럼 커 보이고 싶어 하는 개구리의 울음소리'로 밖에 들리지 않으니까 말이다.

다른 사례를 확인해보자. 대학원에서 조교를 지냈다는 90년대생이 학교에서 들었다는 말들의 목록이다.

- 치킨 집 전화번호도 몰라? 대체 넌 할 줄 아는 게 뭐야?
- 넌 눈치가 없으니 벙어리 3년, 귀머거리 3년, 장님 3년 해야겠다.
- 내가 잘못 알려줬을 수도 있는데, 그래도 네가 제대로 확인했어야지.
- 가서 빌어. 네가 잘못한 게 없어도 잘못한 거야. 빨리 가서 언니들 기분을 풀어주고 배우란 말이야.

안타깝게도 이 말은 같은 90년대생 언니들로부터 들은 것이었다. 마지막 말은 다행스럽게도(?) 70년대생 교수였지만('네가 잘못한 게 없어도 잘못한 것'이라는 신기한 말, 도대체 어디서 배운 걸까?).

어떤 생각이 드는가. 이런 말이 있다. "사람은 꽃에서 '향기'를 기대하고 대화로부터는 '배려'를 기대한다." 그렇다. 상대방에 대한 배려가 없는 대화는 '목적 없는 내뱉음'에 불과하다. 90년대생을 향한 대화는 그들에 대한 조심스런 관찰과 기다림, 그리고 공감의 노력이 전제되어야 그 효과를 발휘한다. 그들과의 마음의 벽을 허물지는 못할망정 마음의 벽을 공고히 만드는 언어를 언제까지 사용할 것인가. 우리의 말들을 되돌아볼 시간이 왔다.

명언이 되는 말
vs
오지랖에 그치는 말

90년대생은 직장에서 '주니어Junior'라고 불린다. 참고로 주니어란 운동 등의 체급 경기에서, 같은 체급을 둘로 나눌 때 가벼운 쪽을 이르는 말이다. 하지만 90년대생을 가볍다고 우습게 보지는 말았으면 좋겠다. 그들은 오히려 작은 것 하나에도 무게를 두고 살필 줄 안다. 먹고살기 위해 직장생활을 하지만 그 와중에도 인권, 소수자, 정치 등에 관심이 많다. 특히 인간으로서의 기본 가치를 인정받는 것에 대한 민감하다.

참고로 그들은 자유주의 성향이 강하다. 자유주의는 우리 사회가 지금까지 제대로 접해보지 못했던, 정확히는 제대로 작용하지 못했던 사상이다. 이전 세대까지는 어떤 생각으로 살든 기본적으로 전체주의적 성향이 강했다. '나를 따르라'는 말에 우르르 따르는 것을 미덕으로 살았다. 하지만 지금의 90년대생은 그렇지 않다. 개인을 사회나 조직에 종속된 부품으로 보는 것이 아니라 존엄한 객체들이 자신의 필요에 의해 모여 만들어진 것이 사회 혹은 조직이라고 생각한다.

90년대생들을 제대로 상대하고 싶다면 계약이나 정당한 사유 없이 함부로 그들의 자유를 제약해서는 안 된다. 그들의 자유를 제약하는 순간, 그건 90년대생에게는 모욕이 된다. 회사가 그들과 좋은 관계를 맺고 싶다면 각각의 개인이 자유롭고 독립적인 객체라는 것을 인정할 줄 알아야 한다.

이전 세대를 대하듯 '그까짓 거' 하며 개인의 자유를 함부로 다루는 순간, 90년대생은 저항하고 이탈한다. 더 이상 회사나 상사를 자신과 좋은 관계를 맺을 수 있는 파트너로 생각하지 않는다. 과거의 편협한 경험에 비추어 현재 세대의 잘잘못을 가리려는 옹졸함보다는 90년대생의 모습을 진화한 문화로 받아들이고 소통하려는 태도가 필요하다.

이전 세대의 가치를 90년대생에게 무심코 적용해서는 곤란하다. 옛날의 가치는 옛날에 머물러야 한다. 지금 현재에 가치가 없다면 그 옛날 가치를 드러내는 말을 해서는 안 된다.

김 팀장 많이 힘들었죠? 이번 프로젝트가 만만한 게 아니었을 겁니다.

이 대리 네. 알아주셔서 고맙습니다.

김 팀장 나도 그런 실패를 겪으면서 성장한 것 같아요.

이 대리 네.

김 팀장 내가 동기들보다 먼저 팀장이 된 것도 힘든 순간을 잘 극복해서죠. 이 대리도 나처럼 빨리 승진해야죠.

이 대리 …

김 팀장은 격려라고 했을 것이다. 하지만 이 대리에게는 '결코 닮고 싶지 않은 사람'이 '나처럼 되어 봐!'라고 말하는 '자랑질'일 뿐이다. 또 자랑의 핵심이라는 것이 90년대생에게는 그다지 중요한 가치가 아닌 승진이라는 것이다. 이전 세대에게는 회사에서 자신이 얼마나 높이 올라갔는지가 인생의 중요한 목표였다. 맞다. 그때는 그런 모습이 필요했다. 하지만 지금은 아니다.

90년대생은 일과 삶의 균형이 얼마나 조화를 이루는지가 더욱 중요한 이슈다. 팀장이 먼저 되지 못해서 슬픈 게 아니라 퇴근을 못 해서 괴로운 사람들이 90년대생이다. 한참 유행하던 용어, '워라밸'은 승진, 지위, 권력이 비교의 대상이 아니라 가정, 여유, 휴식 등이 타인과의 비교 대상이 되어가는 시대를 반영한 것이다. 이런 그들의 특징을 안다면 함부로 그들에게 비효율을 강제하진 않을 것이다.

위라밸을 철저히 인정해주고 정확하고 상세한 설명을 통해 그들이 조직에서 보람을 얻게 한다면 90년대생은 효율적인 결과물을 신속하고 완벽하게 회사에 제공할 것이다.

이를 입증하는 통계는 우리 주위에 많다. 2019년에 취업포털 잡코리아가 신입사원 670명을 대상으로 조사한 바에 따르면 최악의 취업난 속에서도 신입사원 5명 중 4명은 재직 중인 직장에 대한 불만으로 이직을 고려하고 있다고 한다. 그들이 이직을 고려하는 가장 큰 이유는 연봉에 대한 불만족이 55%로 가장 큰 비중을 차지했다. 그 뒤로 미흡한 복리후생 제도, 성장할 수 없다는 불안감, 업무에 대한 회의감, 배울 점이 없는 상사가 주된 이유를 차지했다. 여기서부터가 흥미로웠다. '현 직장에 만족하는 가장 큰 이유는 무엇인가'라는 물음에 대한 그들의 대답이 예상 외였기 때문이다. 결과를 보기 전에 한번 맞춰보라.

① 높은 연봉
② 좋은 복리후생 제도
③ 성장할 수 있는 기업의 미래
④ 흥미로운 업무 및 배울 점 많은 선배
⑤ 위라밸

정답은 ⑤번이었다. 신입사원인 그들은 현 직장에 만족하는 가장 큰 이유로 워라밸(일과 삶의 균형)의 보장(47.2%)을 압도적으로 꼽았다. 그 뒤를 이어 직무에 대한 만족감, 팀워크 등이 뒤를 이었다. 여기에서 하나의 교훈을 얻게 된다. 높은 연봉을 주지 못하며, 복리후생이 다소 뒤처진다면, 기업의 미래가 불안하다면, 선배도 별로라면, 워라밸 하나만 제대로 제공해도 젊은 그들을 '묶어'둘 수 있음을 말이다.

이런 것을 무시한 채 "열심히 일해서, 죽어라고 성과를 내서 나처럼 되어야지!"라고 말하는 리더, 선배의 말은 조직에서 90년대생을 쫓아내려는 것이나 다름없는 말임을 기억해야 한다. 즉 말을 할 때는 자신이 유리한 위치에서 말하고 있는 건 아닌지 살펴야 한다. 이주민에게 "한국인 다 됐네요"라고 말하는 것은 좋은 의도로 건넨 말일지라도 '온전한 한국인'이라는 전제가 깔려 있는 말이라고 한다. 마찬가지다. 이제 갓 직장생활을 시작한 90년대생에게 "직장인 다 됐네", "승진 준비 다 됐네"라고 말하는 건 그들에게 수모와 모욕일 수 있다.

참고로 '명언이 되는 말'을 얼마든지 할 수 있음에도 쓸데없는 말 한마디 때문에 '오지랖에 불과한 말'을 하게 되는 이전 세대인 김 팀장들에게 꼭 해주고 싶은 말이 있다. 진정으로 90년대생과 소통을 원한다면 다음의 한 문장을 꼭 기억하라.

"뭔가를 하지 않음으로써 그들과 진정으로 의미 있는 소통을 시작할 수 있다!"

사람은 자신의 말에 대단한 힘이 있다고 생각한다. 또한 말로써 대인관계에서 자신의 영향력을 확인하려는 경향이 있다. 특히 그런 경향이 강한 사람을 '오지랖 넓다'고 한다. '남의 일에 지나치게 참견하거나, 주제 넘게 아무 일에나 쓸데없이 참견하다'라는 뜻이다. '참여'는 어떤 일이나 모임에 참가해 관계함이고, '참견'은 자신과 관계없는 일이나 말 따위에 끼어들어 쓸데없이 아는 체하거나 간섭하는 것으로, 오지랖 넓은 것은 '참견'에 가깝다. 즉 '참여'는 적극적인 관여이고, '참견'은 쓸데없는 관여이다. 참견이 아닌 참여하는 길은 물론 험하다.

특히 90년대생에겐 더욱 그러하다. 그들은 이미 사회적으로 자신을 즐겁게, 행복하게 해주는 누군가의 꽤 괜찮은 참여에 익숙하기 때문이다. '나잘알'이라는 용어를 아는가. '나보다 나를 더 잘 알고 있는'이라는 의미다. 대한민국 기업의 핵심적인 마케팅 전략 중 하나다. 예를 들어 90년대생은 상품의 소비에 있어서도 자기 자신을 잘 알고 떠먹여주는 것에 익숙하다.

유튜브를 보라. 신기하다. 스치듯 봤거나, 잠깐 눈여겨본 것들까지 '관심 있게 봤던 거죠?'라며 콘텐츠를 제공한다. 아니 '이런 것도 관심이 있을 걸요?'라면서 내 마음에 꼭 맞는 콘텐츠를 아낌없이 풀어놓는다. '내가 나를 모르는데 난들 너를 알겠느냐'라는 흘러간 노래 가사가 있다. 하지만 지금은 이 가사를 바꿔야 할 것이다. '내가 나를 모르니까 네가 나를 알아봐줘.' 90년대생이 바로 그 문화의 한복판에 있는 친구들이다.

매주 정장 셔츠를 빌려주는 '셔츠 정기 배송' 서비스, 패션 양말을 배송해주는 '양말 배송' 서비스 등에 익숙한 것이 90년대생이다. 세상은 모두 90년대생의 마음을 사로잡기 위해 총력전을 펼치고 있다. 그런데 그들에 대해 잘 알지도 못하면서 오지랖에 그치는 말만 하는, 잘난 척만 하는 이전 세대의 말이 과연 90년대생의 귀에 들릴까. 90년대생의 욕구를 저격하는 수없이 많은 서비스와 경쟁해서 이겨낼 수 있는 기업 문화가 잡리 잡아야 한다.

90년대생을 돕고자 한다면 오지랖이 아닌 진정 도움을 줄 수 있는 모습으로 다가서야 한다. 참여가 아닌 참견을 경계해야 한다. 그들과 대화를 할 때는 섣불리 이유에 대해 묻거나, 평가하고 진단을 내리고 해법을 제시하려는 성급함에 빠지지 말도록 주의하자. 90년대생이 '그들 자신보다 자신을 더 잘 아는 누군가'의 친절한 서비스를 늘 받고 있는 세대임을 잊지 말아야 함은 물론이다.

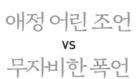

애정 어린 조언
vs
무자비한 폭언

90년대생에겐 '인플루언서Influencer', 즉 'SNS에서 수만 명에서 수십만 명에 달하는 많은 구독자를 통해 대중에게 영향력을 미치는' 이들이 친구이자 연인이며 선배고 윗사람이다. '대학내일20대연구소'가 2018년에 15~34세 남녀 800명을 대상으로 연예인이 추천하는 정보와 1인 크리에이터, 즉 인플루언서가 추천하는 정보에 대한 신뢰도 차이에 대해 조사한 결과 뷰티 분야에선 73.4%, 패션 분야에서는 63.3%로 1인 크리에이터를 신뢰한다는 응답이 압도적이었다. 이런 현상은 더 재미있게, 더 친근하게 젊은 세대에게 다가서서 그들의 마음을 사로잡은 노력의 결과다.

많은 기업이 젊은 소비자들의 마음을 얻기 위해 인플루언서들을 영입하여 마케팅을 강화하고 있다. 그런데 물어보고 싶다. 과연 그 기업들은 내부 구성원의 마음을 얻기 위해서 어떤 노력들을 하고 있는지 말이다.

시장에 있는 90년대생 잠재소비자를 대상으로 상품을 판매하려는 노력 이상으로 90년대생 조직 구성원과의 대화를 위한 노력을 아끼지 말아야 하는 것이 기업의 임무다. 그 핵심에는 90년대생을 구성원으로 '받아들여야' 하는 70년대생, 80년대생의 마음가짐에 달렸다. 90년대생과 말을 할 때는 그 말이 질책인지 격려인지 구별할 줄 알아야 한다. 돌다리도 두들겨 보고 건너듯 조심해야 한다. 선배로서 '왜 우리만 갖고 그래?'라는 답답함이 있겠지만, 그럼에도 먼저 노력해야 할 것은 이전 세대이다. 선배가 선배답지 못하면 후배는 선배를 선배로 대접하지 않는다. 예를 들어 서투른 90년대생의 말과 행동이 보인다고 하더라도 비인간적인 말투로 질책하는 건 선배답지 못하다.

그렇다고 90년대생의 잘못에도 무작정 잘한다고 말하라는 것은 아니다. 문제가 있을 때 분명히 집고 넘어가야 하는 건 당연하다. 하지만 말하는 방법을 고민해야 한다. 다음 문제를 풀어보자. 90년대생 후배가 큰 잘못을 했다고 해보자. 당신이라면 다음 중 어떻게 대화를 이끌어나가겠는가.

① 왜 이렇게 했어요?

② 이렇게 한 것에는 이유가 있겠지만, 저렇게 하는 것이 더 나은 방법이 아닐까요?

아무래도 ①보다는 ②가 선배다운 말이다. 대안 없는 질책만큼 무책임한 것도 없기 때문이다. '호의가 계속되면 권리인 줄 아는 사람'이 있다고 한다. 그렇다 하더라도 무작정 몰아붙이는 대화법은 자제하자. '내가 아주 혼을 내줘야겠어!'라고 생각하는 순간, 대화는 거칠어진다.

90년대생의 실패에 대해서도 관심과 흥미를 갖고 바라볼 줄 아는 여유가 이전 세대에게 필요하다. 90년대생의 실패야말로 그들이 성공할지 말지를 가늠하는 척도이기 때문이다. 90년대생이 실패를 어떻게 생각하는지, 어떻게 처리하는지, 낙담했는지, 물러섰는지 등을 세심하게 바라볼 수 있다면 그때서야 비로소 애정 어린 조언도 할 수 있게 된다. 실패와 실패에 대한 대응이 모여 한 사람의 생애를 결정한다고 하지 않던가. 90년대생의 실패에 대해 오직 분노나 짜증으로만 대응하는 이전 세대는 더 이상 90년대생과 대화를 나눌 자격이 없다. 90년대생의 실수나 실패에 대해 섣부른 단죄를 앞세우기 전에 함께하기 위해 위로와 격려를 하는 것이 맞다.

혹시 당신이 90년대생뿐만 아니라 누군가의 실패나 잘못에 대해 '욱' 하는 성격을 표출하고 있었다면, 그래서 늘 대화를 그르치고 있었다면 다음의 세 가지를 커뮤니케이션의 팁으로 머리에 새겨두는 것도 괜찮을 것이다.

첫째, 절대 화를 표현하지 않는다.
둘째, 나의 기준을 말한다.
셋째, 그의 기준을 듣는다.

이 세 가지 기준을 토대로 다음의 대화를 살펴보자.

김 팀장 재무팀 박 과장과 트러블이 있었다면서요?

이 대리 네. 현장의 사정은 이해하려 하지 않고 무조건 규정만 따르라고 하니 답답합니다.

김 팀장 박 과장의 말이 틀린 건 아니잖아요.
박 과장 스타일에 이 대리가 못 맞추는 건 아닌가요?

이 대리 틀린 건 아니지만 그게 옳다고 생각하진 않습니다.
맞추려고 노력도 하고 있고요.

김 팀장 너무 쉽게 생각하는 거 아닐까요?

이 대리 네?

이제 김 팀장의 말을 하나하나 평가해보자.

첫째, 김 팀장은 화를 내지 않았다. 우선 그 측면에서는 합격이다.

하지만 둘째, 김 팀장은 자신의 기준을 말하지 않았다는 점에서 불합격이다. 이 대리의 업무 파트너인 타 부서 박 과장의 말이 어떤 점에서 옳은지, 그 옳은 이유가 무엇인지 자신의 기준을 말하지 않았다.

마지막으로 셋째, 이 대리의 기준에 대해 들어보려 하지 않았기에 역시 불합격이다. 이 대리의 생각을 듣기보다는 자신의 생각을 일방적으로 강요했다.

이런 잘못이 문제가 되는 이유는 무엇일까. 결국 90년대생의 특징들로부터 찾아내야 한다. 그들은 부모로부터 '잘한다'는 칭찬을 많이 받고 자랐다. 이런 90년대생에게는 못하는 걸 잘하게 만들려고 타박하기보다는 잘하는 걸 더 잘하도록 칭찬하고 격려하며 돕는 것이 모든 면에서 효율적이다. "너 왜 일을 이따위로 해"라는 말은 90년대생의 의욕을 꺾는다. 그들과 이야기할 때는 애정을 담은 조언이라 할지라도 조심스럽게 해야 한다. 그게 선배답다.

사실 선배란 신경질을 내도 괜찮도록 허가를 받은 사람이 아니다. 선배란 결과에 대해 최종 책임을 지는 사람일 뿐이다. 90년대생을 대할 때에도 마찬가지다. '욱' 하는 성질머리가 섣불리 표현되는 것을 극도로 자제하고, 그들이 맡은 업무 영역을 넘어서서 더 높은 꿈을 품은 존재로 거듭날 수 있는 언어를 사용하는 게 맞다. 문제가 있다면 그 문제 해결을 위해 폭넓은 인맥을 동원하여 전문가를 소개시켜주면서 미래에 성과를 내는 후배로 만들어내는 것이 선배로서의 임무다.

답답할 수도 있을 것이다. '우리만 그들을 이해해야 하나'라고 하소연하는 당신의 불만이 들리는 듯하다. 물론 90년대생이 무조건 옳다거나 장점만 있다고 생각하진 않는다. 공동체 의식, 참을성, 거시적 관점 등이 부족하다는 말도 있다. 그럼에도 90년대생을 긍정적 관점에서 바라보려는 노력은 필요하다. 그들이 강점을 발휘하도록, 그들이 스스로 약점을 보완할 수 있도록 이전 세대가 노력하는 순간 세대 간의 차이는 오히려 성장의 에너지로 전환될 것이라고 생각한다.

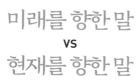

미래를 향한 말
vs
현재를 향한 말

중소기업에 근무 중인 한 이사의 얘기를 들었다. 충격이었다. 그의 말은 이랬다.

"신입사원을 뽑았습니다. 이틀 후 문자 한 통을 받았습니다. '다른 건 다 나쁘지 않은데, 화장실이 마음에 안 들어서 다니지 못하겠습니다. 관두겠습니다.' 아직도 그의 생각이 이해가 되질 않습니다."

화장실이 마음에 들지 않아서라니 '회사가 무슨 학원인가?' 하는 생각도 잠시, '혹시 정말 불쾌한 화장실 환경은 아니었을까?' 하는 생각을 억지로라도 해본다. 90년대생의 뜻 모를 좌절감은 사실 쉽게 적응하기 어려운 것도 사실이다.

"91년생입니다. 경쟁사회에서 누군가를 좇아가야 하고, 앞서가야 한다는 게 불편합니다. 누군가는 이미 주어진 기회를 그대로 유지하면서도 누구보다 더 잘나가잖아요? 하지만 저와 같은 보통 사람들은 그 누군가를 좇아가기 위해 빡세게 일해봤자 제자리걸음이고요. 이제 그냥 다 피곤해요. 그냥 힘들어요. 대인관계를 포함한 모든 일이⋯."

힘들다, 피곤하다, 안 된다⋯. '도대체 어쩌란 말이냐!'는 기성세대의 볼멘소리가 그리 지나친 것만도 아닌 듯싶다. 그래서일까. 90년대생에 대해 거칠게 평가하는 말들도 꽤 들린다.

"90년대생은 그냥 편하게 살게 내버려두어야 해요. 회사에선 뽑으면 안 될 거 같습니다."
"해보고 불평하면 이해하겠지만 해보지도 않고 무슨⋯."
"90년생들의 과잉 자의식을 무작정 받아주는 게 맞는 건가요?"
"복잡한 게 싫어, 간단한 게 좋아, 저녁 시간이 필요해, 재미있어야 해⋯. 그냥 놀고 싶다고 하는 게 맞지 않나요?"
"꼰대가 싫어서 공무원을 한다고요? 답 없는 세대네요. 공무원 조직이야말로 꼰대 소굴인데."
"80년대생보다 90년대생이 쉬운 삶을 선호한다던데⋯. 00년대생은 더 편한 걸 선호하겠네요? 세상 참⋯."

세대 간 다툼이 본격화되는 것 같아 걱정스럽다. 하지만 개인적으로는 이렇게 치열한 다툼이 새로운 대한민국, 새로운 기업 문화를 위해서는 반드시 필요하다는 생각이다. 90년대생의 푸념, 이전 세대의 비판 모두 우리 모두의 걱정이기 때문이다. 들려오는 소식이라곤 엄청난 집값 폭등, 최악의 취업난, 거기에다 저출산 고령화로 인한 노인부양에 대한 부담, 취업 후 국민연금 등의 고갈 등 암담한 이야기들만 가득하다. 이러니 이전 세대와는 다른 모습이 우리 주위에서 펼쳐질 수밖에 없다.

90년대생들이 회사에 '로열티'를 바치며 살아갈 이유가 점점 없어지는 것도 당연해 보인다. 이런 그들에게 "열심히 일해서 승진해야지?", "열심히 일해서 인정받아야지?"는 통하지 않는 말이 아닐까 하는 생각도 해본다. 90년대생은 직장과 일을 바라보는 시각이 이전 세대와 다르다. 과거에는 '내가 열심히 일하면 회사에도 좋고 나에게도 좋은 거잖아!'라고 생각했었다면 지금의 90년대생은 '이런다고 내가 월급을 더 받는 것도 아니고…'라는 생각이 지배적이다.

참고로 대부분의 기업에서 면접을 볼 때 면접관이 취업준비생에게 꼭 물어보는 질문이 있는데, 그건 바로 "우리 회사에 들어오게 되면 10년 후, 20년 후에는 어떤 모습으로 있을 것 같습니까?"라고 한다. 이제 이런 질문, 그만둬야 한다. 대신 '지금 들어오려는 우리 회사는 그들이 정말 오고 싶었던 회사일까', '그들이 가고 싶었던 곳은 이곳이 아니지 않을까', '대안이 없어서 온 게 아닐까' 등을 생각하면서 겸손하게 그들과 마주해야 한다. 그래야 그들을 읽어낼 수 있다. 물론 회사란 성과를 내야 하는 조직이므로 매사에 업무에 대한 의욕을 보이지 않는 90년대생이 있다면 분명히 경고를 주는 건 필요하다. 하지만 이런 '썩은 사과' 같은 사람 말고 나머지 일반적인 구성원들을 일으켜 세울 방법에 대한 고민은 늘 연구 대상으로 삼고 있어야 한다. 특히 90년대생에게 동기를 부여하는 방법은 기업의 성과와 지속 가능한 성장을 보증하는 결정적 해법이 될 수 있기 때문에 더욱 그러하다.

수많은 방법을 찾아낼 수 있겠지만 개인적으로는 '오늘의 휴식, 그리고 오늘의 행복'이라는 키워드를 조직 문화 차원에서 간과하지 않았으면 한다. 왜 그럴까. 90년대생에게 좋은 회사는 아낌없이 오늘의 휴식을 주는 곳이기 때문이다.

참고로 90년대생에게 점심 시간은 밥을 먹는 시간만이 아니다. 그들은 점심 시간을 이용해서 회사 근처 코인노래방에서 노래도 몇 곡 하고, '수면방'에서 피로를 풀기 위해 가볍게 샌드위치로 식사를 끝낸다. 그렇게 충분한 휴식을 취해야 오후 시간을 여유 있는 마음으로 몰입하면서 즐겁게 일을 할 수 있기 때문이다. 이전 세대에게 '쉼'이란 '일을 하고 나서 짬을 내어 하는 행위'라면 90년대생에게 쉼이란 '그 자체로써 의미와 목적이 되는 일'임을 기억해두자.

더 나은 성장을 위해 자신의 시간을 자신의 주도하에 두고, 자신의 관심사를 충족하는 방식으로 시간을 활용해 쉴 줄 아는 90년대 생들을 인정하자. 이런 특징도 잘 모르면서 무작정 성과를 위해 질주하는 인간을 만들겠다고 덤볐다가 괜한 충돌이나 안 나면 다행이다.

임원이 돼라는 말
vs
대리로도 충분하다는 말

90년대생에겐 4년제 학사 학위는 운전면허증 급이다. 석사 학위는 기본이다. 자격증은 5개 이상에 2~3개의 외국어를 할 줄 안다.

이 모든 '스펙'을 치열하게 쌓아올렸지만, 불안감은 보통이 아니다. 직접 눈으로 봤든지, 아니면 들었든지 모두 조직에 충성해봤자 헌신짝처럼 버려질 거라는 것을 앞의 세대를 보면서 커왔기 때문이다.

그들에겐 대통령, 국회의원 등 속된 말로 '자기들끼리 해먹는', 자리에 대한 의미 없는 꿈보다는 지금 당장 자신에게 주어진 짧은 휴식 시간이 몇 갑절은 더 중요하다. 그런 90년대생에게 '하다 보면 잘 될 거야!'라는 격려(?)는 의미 없는 메아리일 뿐이다.

국내 최고의 대기업 중 한 곳에서 실제로 일어났던 일이라고 한다. 인사부서에서 6개월이 지난 신입사원들 열댓 명을 모아 임원과 회식 자리를 마련했다. 술잔이 오고 가고 이렇게 저렇게 분위기가 좋았다. 그때 임원이 앞에 앉은 신입사원에게 "홍길동 씨는 조직에서 어디까지 올라가고 싶어?"라고 물어봤다. 신입사원으로부터 돌아온 대답은 충격적이었다. 회식 자리를 서늘하게 만들었다. "네, 저는 직장생활을 대리까지 하고 싶습니다!"라고 대답했기 때문이었다. 임원은 나름대로 침착함을 유지하며 왜 그렇게 생각하느냐고 물어봤다. 신입사원의 대답에 또 여러 명이 충격을 받았다.

"지난 6개월 동안 우리 팀의 팀장을 봤더니 도저히 사람다운 삶을 사는 것 같지 않아서요."

새벽같이 출근해서 임원 보고 자료를 만들어놓고, 또 야근과 주말 특근을 밥 먹듯이 하는 팀장을 보면서 '절대 리더가 되지 말아야지!'라고 결심했단다. 어떻게 생각하는가. 이런 사례는 비일비재하다.

한 중견기업의 중간관리자는 90년대생으로부터 대놓고 이런 얘기들을 들었다고 한다. "평생직장도 아닌데 평생 다닐 것처럼 왜 해요? 가족적인 분위기요? 저는 그런 걸 원하지 않습니다." 솔직히 조금 심하다는 생각도 든다. 하지만 잘 따져보면 90년생들의 말에도 일리가 있다. 앞으로 과연 평생직장이 존재할까. 가족 같은 회사가 대한민국 기업의 표준이 될 수 있을까. 고용에 대한 불안정성이 심화되는 미래에 나름대로 자신의 커리어를 쌓아가는 방향으로 움직이고 있는 90년대생의 당당함이 오히려 옳은 건 아닐까. 다시 한번 그들의 말을 경청해보자.

"93년생입니다. 회사는 제 직업적 커리어를 쌓아가는 길에 거쳐가는 계약관계일 뿐이라고 생각합니다. 계약한 시간 동안 계약된 일만 제대로 처리하는 게 깔끔하고 스마트한 업무 처리 방식이라고 생각해요. 능력도 없으면서 연차와 나이 덕으로 관리직에 계신 분들이 권위를 내세우며 옛날 방식대로 일하길 바라는 것은 싫습니다. 우리가 조직에서 막내 역할을 한다고 해도 누가 실력자인지, 누가 정말 인품이 좋은 사람인지 정도는 딱 보면 압니다. 그저 티를 안 낼 뿐이죠."

90년대생, 그들은 사회화 이상으로 개성화를 추구한다. 누구나 시간이 지나면 사회화되기 마련이다. 하지만 사회화에서 멈추는 삶은 건조하다. 행복이란 자기가 원하는 일을 하면서 성과를 얻을 수 있을 때 다가온다. 그들은 일로부터 단순히 성과만 얻는 것으로 끝내고 싶어 하지 않는다. 그들은 자신의 일로부터 자신을 돌볼 수 있기를 바란다. 일과 삶의 균형을 잡기 위해 안간힘을 쓰는 세대인 것이다.

이런 그들과 우리는 어떻게 대화를 나누고 있는가. 혹시 다음의 사례처럼 실수하고 있는 건 아닌가.

> **김 팀장** 이 대리도 이제 '커리어패스'를 고민해야 할 시기 아닌가요?
>
> **이 대리** 아직 특별하게 생각한 건 없습니다만….
>
> **김 팀장** 무슨 소리야? 지금부터 사내 정치도 좀 하고 자기관리도 해야 팀장도 하고 임원도 되죠.
>
> **이 대리** 임원까지는 제가 생각해본 적이 없어서요.
>
> **김 팀장** 아이고, 벌써 인생을 포기하면 어떻게 해요.
>
> **이 대리** 그게 아닌데….

임원이 안 되면 인생이 실패한 것인가? 임원을 꿈꾸지 않으면 인생을 포기한 것인가? 90년대생은 '회사에 들어오자마자 이직을 생각하는 세대'다. 그들도 자기 나름의 커리어패스Career path(경력관리)를 마음속에 품고 있다. 그런 그들에게 무작정의 진급 의욕 고취는 입맛에 맞지 않는다. "당신은 회사형 인간이에요"라는 누군가의 말을 모욕으로 듣는다는 그들에 대한 이야기로 마무리하려 한다. 임직원 200여 명이 재직 중인 회사에 다니는 90년대생이 직장에 다니면서 제일 듣기 싫었던 말을 꼽았다. 그 말은 회사 경영진 중 한 사람이 자랑이라고 한 이 말이었단다.

"나는 너의 미래다!"

걸어온 시간
함께 걸어갈 시간

이 책이 업무와 성과 압박에 치이는 80년대생과 기나긴 수험과 취업전선을 거쳐 사회에 첫 발을 내딛고 적응하기 위해 애쓰는 90년대생의 마음과 마음을 편하게 잇는 가교가 되어주길 기원합니다.

이 원고를 쓴 후 여기저기에 리뷰를 의뢰했습니다. 90년대생 한 분은 "우리의 화법이 조금 더 드러났으면 좋겠다"라고 의견을 주었고, 80년대생 한 분은 "90년대생이 우리에게 약간 따지는 느낌이 든다"는 말을 해주었습니다.

입장이라는 것이 있고, 생각이라는 것이 다르고, 사람이 사람마다 또 다르니 당연히 그럴 수 있으므로 모든 분의 말씀은 다 새겨들을 만한 말들이었습니다.

하나 말씀드릴 게 있습니다. 저는 90년대생은 물론 아니고, 80년대생도 아닌 그 이전 세대입니다. 그런 제가 이 책을 쓰면서 80년대생, 90년대생의 말에 귀를 기울이고 또 이런저런 자료를 찾아보면서 하나 느낀 게 있습니다. 그건 바로 '나 역시 한때는 그들을 무섭도록 닮았었다'는 것입니다. 저에게도 20대의 젊음이 있었습니다. 모습은 다르지만 젊음의 건강함과 아름다움을 갖고 있었습니다. 그런데 그것을 드러내지 못함을 미덕으로 알고 지냈습니다. 중년이 되어서는 젊음을 드러내는 그들을 향해 비웃기까지 했습니다.

반성합니다. 지금 90년대생은 제가 못해낸 것들을 이루는 사람들입니다. 자신의 의견을 말하고, 자신의 생각을 표현하며, 말로 안 되면 행동으로 보여주기까지 합니다.

90년대생을 응원합니다. 80년대생을 격려합니다. 이전 세대로서 그들이 좀 더 아름답게, 하지만 치열하게 서로의 의견을 거침없이 말하고, 거짓됨 없이 소통해주었으면 합니다.

우리 세대가 못한 것을 90년대생, 그리고 80년대생에게 미루는 것 같아 죄송합니다만, 이제부터는 응원하고 격려하면서 세상이 좀 더 좋아지기를 기대하겠습니다. 90년대생 여러분, 80년대생 여러분, 모두에게 이 말씀을 드리며 책을 마치려 합니다.

"지금, 그리고 여기까지 잘 오셨습니다.
그 모습 그대로 더 나은 사회를 만들어주십시오.
관심 어린, 하지만 비난이 없는 눈으로 지켜보겠습니다."

고맙습니다.

그들이 미처 말하지 못했지만
우리가 꼭 알아야 할 것들

박진수

현)콜로세움코퍼레이션 대표이사
전)대학내일20대연구소장

90년대생의 트렌드를 분석하는 일을 90년대생 직원들과 함께 8여 년간 진행해오면서 20대 전문가임을 자처하고 자부했다. 하지만 실제로 20대 직원들과 소통하고 협업하면서 일을 진행하는 것은 매번 험난한 도전의 연속이었다. 주어진 일과 함께 스스로에게도 충실하려는 20대 직원들과 관리자로서 새로운 미션을 만들고 영역을 확장해야 하는 나의 입장 사이의 간극은 늘 컸기 때문이다.

또한 80년대생 관리자로서의 삶에서 일이 차지하는 비중과 공사 구분법은 90년대생들의 그것과는 확연히 달랐다. 이들은 개인의 취향과 취미, 체험이 삶에서 큰 비중을 차지하고 있었으며 행복의 기준이 되었다. 일의 성취감, 가족의 건강, 부의 축적 정도가 행복의 척도가 되는 우리 세대와 다르게 이들은 매순간 새로운 취향과 새로운 행복을 갈구하고, 이를 즉시 이루기 위해 적극적으로 실천하고 실행하는 모습을 보여주었다. 그리고 이를 위해 공사의 구분을 엄격히 하고 개인의 행복 실현을 위한 시간과 돈의 투자를 중요하게 생각했다.

나는 이들의 내밀한 속마음을 살펴 다른 세대에게 이를 명확하게 풀어주는 일을 업으로 삼았다. 때문에 내가 먼저 90년대생에게 다가가고 그들의 생각을 살피기 위해 노력했다. 그래야만 나의 일도 성공적일 수 있기 때문이었다.

이들에 대해 꽤 오랫동안 공부하고 함께 일하며 느낀 것은 일방적인 정의로 단정 지을 수 없는 세대라는 것이다. 매순간 새로운 트렌드와 가치관을 찾고 만들어내는 이들에게 천편일률적인 하나의 기준을 적용하는 것 자체가 무의미하다는 것을 깨달았다. 오히려 그런 일방적 정의들이 90년대생과 다른 세대의 간극을 더 키운다는 생각마저 들었다. 글로 배운 90년대생의 특징을 업무 현장에 대입해보았다가 난감한 상황에 처하는 경우도 종종 보았다.

90년대생을 '미 제너레이션'으로 정의한다. 각자가 하나의 세대를 대표하는 존재들이다. 세대의 정의로 이들을 바라보면 개인화된 이들의 특성을 무시하는 오류를 범하게 된다.

이들과 소통하는 방법은 단순하다. 개개인이 원하는 방식으로 소통하면서, 소통 방식의 경험을 쌓고 이해의 폭을 넓혀야 한다.

90년대생과 관리자의 소통 오류 사례들을 살펴 불통하게 되는 원인을 파악하는 것도 도움이 된다. '묘수를 두려다 악수를 둔다'는 바둑 격언이 있다. 묘책을 찾기 위해 골몰하기보다는 실수를 줄이고, 시간을 두고 상호이해를 높이는 과정을 받아들이는 마음의 자세가 더 중요하다고 생각한다. 이것이 내가 20대 트렌드 전문가로 일했던 지난 8년여의 시간 동안 배운 사실이다.

이 책에는 저자의 통찰과 더불어 90년대생과의 불통으로 고민하는 관리자의 수많은 사례가 등장한다. 그리고 각각의 사례들에서 90년대생들은 실제 무엇을 원했고, 왜 그렇게 행동했는지에 대한 '90년대생이 말하는 90년대생의 속마음'이 담겨 있다. 이 사례들을 살펴 직장생활에서 내가 비슷한 실수를 한 적은 없는지, 80년대생 관리자들은 왜 그렇게 말하고, 90년대생들은 왜 이렇게 반응했는지를 객관적으로 살필 수 있을 것이다. 상황을 객관적으로 살피고 분석하는 것만으로도 같은 상황에서 반복되는 실수를 줄일 수 있다.

회사라는 조직은 세대가 다른 관리자와 직원이 만나서 함께 일하는 공간이다. 개인의 생각 차이를 극복하고, 모두의 목적을 이루기 위해 의기투합해야만 존속이 가능하다. 이 사실은 모든 세대, 모든 직장,

모든 구성원이 익히 알고 있다고 생각한다. 다만 방법을 몰라 고민을 거듭하고 있을 것이다. 뜻대로 소통이 되지 않아 고민하는 80년대생 관리자와 90년대생 구성원들이 이 책에서 해법의 열쇠를 발견할 수 있기를 바란다.

모두 행복해지자고 하는 '일'이다. 결국 서로를 이해하는 부분이 커질수록 모두의 행복도 커진다는 것을 잊지 않았으면 한다.